LOCUS

LOCUS

LOCUS

mark

這個系列標記的是一些人、一些事件與活動。

mark 159

女人的計畫

A WOMAN MAKES A PLAN
Advice for a Lifetime of Adventure, Beauty, and Success

作者：梅伊・馬斯克（Maye Musk）
譯者：劉復苓
責任編輯：吳瑞淑
封面設計：許慈力
校對：呂佳真
排版：林婕瀅
出版者：大塊文化出版股份有限公司
www.locuspublishing.com
105022台北市南京東路四段25號11樓
讀者服務專線：0800-006689
TEL：(02) 87123898　FAX：(02)87123897
郵撥帳號：18955675
戶名：大塊文化出版股份有限公司
法律顧問：董安丹律師、顧慕堯律師

總經銷：大和書報圖書股份有限公司
地址：新北市新莊區五工五路2號
TEL：(02) 89902588　FAX：(02) 22901658

初版一刷：2020年6月
初版十 二刷：2022年5月
定價：新台幣380元
Printed in Taiwan

女人的計畫

經歷過家暴、挫折、貧窮後，她仍保有美麗、冒險、家庭、成功、健康。
她是鋼鐵人伊隆．馬斯克的媽媽。

MAYE MUSK A WOMAN MAKES A PLAN
ADVICE FOR A LIFETIME OF ADVENTURE, BEAUTY, AND SUCCESS

梅伊．馬斯克——著 劉復苓——譯

我要把這本書獻給影響我最深的幾個人：

我已故的母親，溫妮·豪德曼，
賜予我們姊妹和她遇到的每一位女性展現完美自我的信心。

我已故的姊姊，琳恩·豪德曼，
連續五年每晚聆聽我訴說苦難拚搏，
無論是監護權官司或整修我房子的煙囪，
都因為有她的鼓勵，我才能順利度過。

我的雙胞胎妹妹，凱伊，
保護了我一輩子、並讓我保持踏實。

我深愛的女兒托絲卡，與兩個兒子伊隆和金巴爾，
尊重並支持我所做的每一件事。

我十一位孫子女，
他們讓我不斷學習、用各式各樣的問題為我帶來極大樂趣。

我的大家庭、朋友和工作團隊，
無論在困境、順境與新局面，大家對我的支持始終如一。

目錄

Part Two 冒險

Part Three 家庭

Part Four 成功

Part Five 健康

前言　險中求存、如履薄冰

先訂計畫，再冒險一搏

我出生在一個擁有私人飛機又酷愛探險的家庭。我父母曾駕著帆布蒙皮式螺旋槳小飛機，在沒有衛星定位（GPS）、也沒有無線電的情況下，橫越加拿大、美國、非洲、歐洲、亞洲和澳洲。小時候，他們每年冬天都帶我們五個小孩到喀拉哈里沙漠（Kalahari Desert）去尋找失落之城。現在回想起來，才驚覺當時我們一家七口只帶了指南針、三個禮拜的食物和水就橫越沙漠有多危險。但我父母把行程規畫得非常詳盡。我家的座右銘是「險中求存、如履薄冰」。我父親尋求冒險，但也知道要防患未然。因此，我長保一顆好奇與願意探究的心，我知道只要我準備就緒，隨時都可以去冒險。

我從小就聽過一句非洲諺語：「'N boer maak 'n plan.」直接翻譯就是「農夫訂計畫」，這是南非人常掛在嘴邊的一句話。它可以是小事，也可以是大事，適用於任何需要改變方向、修復問題的時候。不管橫阻眼前的是什麼樣的障礙，你都得勇於面對、設法解決。

起初我想把書名取為《奮鬥與求存》（*Struggling and Surviving*），但聽起來不怎麼吸引人。我希望你閱讀本書後，能比我少經歷一點奮鬥掙扎之苦、多擁有一些幸存得生之樂。我這輩子遇過太多不如意，而我每次都得訂定計畫。你可以依女人的角度來計畫事情，若被牽連拖累，就再另訂計畫（順道一提，男人也一樣）。

我多次重新展開人生，長大後我住過三個國家、九個城市。我不建議各位像我一樣人生一再重來，但倘若非得如此，一定要事先計畫、超前部署。若能把握冒險機會，將能過著更令人興奮、更快樂的生活。我一生冒險無數，一開始總是很掙扎，但我會咬牙苦撐，直到創下個人與事業的成功。你不需要預先規畫好人生變化的每個細節；當問題出現時再想辦法解決就可以了。當然，每次都會有不一樣的問題，你只需要計畫第一步。

世事難料，從照顧自己和親友、維持美好的外貌和感受，到擁有成功的事業和精彩刺激的人生，要思考的太多，但你可以先從第一步開始，之後再想下一步，然後就能不斷地持續向前。

我沮喪失志時，會看許多愛情小說或自助書籍，它們給我希望。或許，分享我的經驗也能給你希望。

我現在這個年紀堪稱至善至美，我度過了七十個春秋、坐享兩大成功事業，還把三個子女拉拔長大，孫子輩達十一人*。現在我卻是更搶手的健康演講者和模特兒，甚至還被要求寫這本書！因此我說七十一歲*真是太棒了！我每天都迫不及待睜開眼睛。

如果你抱持良好態度、訂定計畫並勇於冒險，就算登上火星也不是問題。

*編按：伊隆的小兒子剛於二〇二〇年五月誕生，梅伊的孫子輩現達十二人。
*編按：作者生於一九四八年四月十九日，美國版原著出版時，她時年七十一歲。

Part One

—— • ——

美麗

1 銀髮族當道

人生越活越美好

我在五十九歲開始放任自己留銀髮。兩年後，《紐約》（New York）雜誌封面登出我懷孕的形象（哈，我沒有懷孕，但照片看起來很像真的）。我六十七歲首度登上紐約時裝週伸展台，和年紀只有我三分之一的模特兒一起走秀。我在六十九歲搖身一變，成為封面女郎（CoverGirl）品牌代言人。

你能想像嗎？我壓根沒想過。我沒料到讓自己白髮婆娑會是成為超級名模的祕訣。我十五歲第一次走伸展台，他們告訴我這份工作十八歲就玩完了。我從沒想過我的模特兒生涯會持續那麼久——更別提居然在七十一歲達到巔峰。而我依然佇立，已經過了五十六個年頭，我才正要振翅高飛。

女人無需隨年齡增長而放慢腳步，我正像顆高速子彈向前奔馳。我求知若渴、享受玩樂、工作量比以前更多，我認真經營社群媒體、確保我比以前更努力，也比以前更樂在其中。我有提到玩樂嗎？如果男人不需要放慢腳步，我們也不要。別讓年齡拖累你、阻止你前進。好好照顧自己：吃得好、常微笑、活躍、快樂和自信。我從來不怕變老，有趣的是，當我看到我臉上的皺紋——六十歲後，我大腿和手臂也出現皺紋——會覺得它們很好玩。我很高興自己很健康。

我少女時期開始在南非普利托利亞（Pretoria）當模特兒，我爸媽有個朋友在當地經營模特兒學校與經紀公司。她叫做萊蒂（Lettie），她先生跟我父親一樣，也有一架私人飛機。每個禮拜天晚上，夫妻倆都會來我們家吃飯。萊蒂美麗又有氣質，她沉穩自信，會讓你想去做她要你做的事情。

我和我的雙胞胎妹妹凱伊十五歲的時候，萊蒂讓我們免費參加她的模特兒訓練課程，我們不假思索就答應了。期末走秀時，我穿上自己做的香奈兒（Chanel）風格的粉紅色套裝，自己梳整一頭棕髮、自己化妝，我的表現足以獲得一張畢業證書。

萊蒂也是第一個雇用我當模特兒的人。她會口頭告知或刊登工作機會，我便在週六早上到百貨公司走秀。我不覺得自己當模特兒有什麼特別或幸運，不過就是份工作而已。它的薪水比其他工作優渥，這一點很棒，但當我最初得知時，倍感意外。你前往某處、穿上洋裝、上台走一圈、然後就回家，有什麼道理坐領高薪？但酬勞的確很高，特別是，我只是個十幾歲的小女孩。

當時我想都沒想到我活到七十一歲還在當模特兒。只要環顧走秀現場，就知道模特兒都很年輕。我知道這份工作是暫時的，我的目標不是當模特兒，而是上大學。

意外的是，我在大學還是繼續走秀。畢業後我結婚了，這是另一個意外。我也沒想到我會那麼快成為母親，我壓根不知道蜜月期間就會懷孕，而且三年間連生三個小孩，又多了伊隆（Elon）、金巴爾（Kimbal）和托絲卡（Tosca）三個意外。每生一個小孩，我的頭髮就多出幾根金絲，托絲卡誕生後，我已經滿頭金髮。

在萊蒂的請求之下，我產後復出模特兒圈，她的經紀公司需要有人走新娘母親服裝秀，他們沒法叫十八歲的小姑娘來做這件事，公司裡的其他女孩都太年輕了，所以她找上我，因為當時我已經是二十八歲的大人了。因此，我成了全南非年紀最大的模特兒。

我三十一歲的時候成了單親媽媽，為逃離前夫，我搬到德班（Durban）。我連上美髮院染髮的錢都沒有，只好自己動手，把頭髮染成了金與橘交雜的色調。他們說是金橘色。我的髮質變得很糟，非常蓬亂，而我為了省錢又自己剪髮。不知為什麼，他們還是讓我繼續上台走秀，既然如此，我便也不在意。我二十二歲時在普利托利亞的公寓裡展開營養諮詢事業，頭髮並不影響這項事業的發展，只要我能幫助客戶，他們並不會在乎我的髮型。

四十二歲時，我搬到多倫多，繼續兼顧模特兒和教學事業，同時還攻讀博士。我的模特兒資歷豐富，多倫多一家經紀公司看中我能為公司賺錢，因此願意簽下我。業界多數的模特兒工作都要找年輕的女性，但有時他們也需要有點年紀的模特兒，讓產品更貼近現實。我就是在這個時候首度拍攝祖母形象廣告，而且在雜誌封面。當時我才四十二歲！

當然，我不是多倫多唯一的一位四十幾歲的模特兒。雖然有很多次我是唯一年紀超過三十以上的，但也並非每次如此。別忘了，這不是高端時尚或高級訂製時裝，這不是紐約時尚週或米蘭。

我記得有一次走伸展台，現場都是年紀較大的男女模特兒。結束後，我們一起去喝一杯。有位男士跟我說：「你得自己買你的飲料，因為你是唯一一位沒跟我上過床的人。」

我只是看著他。

他說：「是真的，我跟其他所有模特兒拍過床墊廣告。」

這就是年長的模特兒會接到的工作，床組拍賣廣告之類的。

我不在乎，因為我做這一行不是為了刺激。這只是一份工作，而我需要工作。我繼續當模特兒是因為它很好玩，讓我維持光鮮亮麗，而且不用被關在辦公室，可以環遊各地認識很多人。那幾年，他們得在三個禮拜之前敲定我的時間，才不會影響到我的營養諮詢事業，而我一個月當模特兒的時間絕不超過四天，但報酬足以匹敵我的營養師事業，不過，後者才是我穩定的基本收入，我得維持下去——它能負擔每日支出、房租、車資、學校制服、汽油和修車費用。當模特兒讓我有多餘的錢能買廉價機票去看家人、衣服，或住家裝飾品。有時我還會買件禮服。模特兒工作能讓我偶爾奢侈一下。

我沒有告訴我的營養諮詢客戶我是兼職模特兒，而且當時沒有社群媒體，所以沒有人知道。

有時會有人問：「你是不是雜誌上那個人？」

我會承認：「是的。我是席爾斯（Sears）百貨家居服女王。」

那是我的工作。席爾斯推出新的家居服時，他們會找我去讓它更好看。

我五十幾歲的時候，住在紐約。我參與了幾場大型活動，然後與一家規模更大的經紀公司簽約，以期增加曝光率。結果，事與願違，我連零星的工作也接不到了。

我寫信給公司，說我加入他們不是為了不當模特兒，他們回信說沒有適合我的工作。

我打電話過去，他們說：「廠商不想看你，他們喜歡其他比你有名的模特兒。」

我心想：「但他們也一樣沒什麼名氣啊！」

我想不通為什麼他們不想再看我，我當了幾十年的模特兒，也許是時間的關係。他們告訴我，沒有人喜歡我的外表了。

我偶爾會遇到業界的人，他們會在街上或餐廳裡叫住我，說：「我們一直想預約你的時間，但你都沒空。」

於是我會去公司詢問：「有人一直要找我。」

「不，他們沒有，他們把你和別人搞混了。」

就是在這個時候，我私自決定不再染髮。我心想：「既然我幾乎不當模特兒了，不妨就來看看我的真髮到底是什麼顏色吧！」

我新長的頭髮開始冒出來，它看起來糟透了。頂上一片灰白、垂肩處則是金髮。身為營養師，只要你的專業夠厲害，外表不是那麼重要。我聽從摯友茱莉亞・佩芮（Julia Perry）的建議，剪了一頭超短髮，那是非常前衛、有精神的造型，是我以前從來沒嘗試過的。

改蓄灰髮以後，經紀公司又把我晾了六個月，那是一段很痛苦的日子，我開始覺得我不會再有機會了，也許我的模特兒生涯就此告終。

後來發生了一件有趣的事情，有位選角導演致電給我的經紀公司說要找我拍《時代》（*Time*）雜誌封面，這一次公司不能再說我沒空了，因為這位導演的辦公室離我家只隔一條巷子，她每天早上都看到我在遛狗。

於是公司非得幫我接下這個工作，因此我上了《時代》雜誌，照片就刊登在健康專刊的頭版。

我這才發現這一行還是有我可以做的工作，問題並不出在我的外表，而是我的經紀公司。

我需要有個計畫。

每個人都有他自己的盤算，我想要把握我所有可能的工作機會。我的經紀公司應該要幫我拓展事業，但不知為什麼，他們卻沒有。我了解到這一點後，就得加以處理。我不能眼睜睜看著別人擋我財路。

我到公司表達心聲，有所求就得開口。

我的經紀人勃然大怒。

「你怎麼敢以為我們對你不夠努力！」

她滿口胡言，我們兩個都知道。去試鏡後沒得到演出機會是一回事，這種事情常常發生。你到現場排隊等候，其他二十位女模也都一樣，而你落選了，這是身為模特兒難以避免的事。然而，公司連選角都不讓你去——這就太過分了。

他們拒絕承認，還堅稱沒有我可以做的工作。我被綁住了，因為我簽了約。

當你想要掙脫改變不了的困境時，無法確定接下來會發生什麼事，只能兢兢業業，每天去上班都坐立難安。生活中沒有任何歡樂，日子就過得灰暗低迷。工作必須要令人期待與熱愛，因為我們醒著的時候多半在工作。我擔任營養師遇到許多女性律師客戶，她們喜愛工作但討厭上司。我之所以知道這一點，是因為他們的抑鬱和壓力致使她們亂吃。我告訴她們要改變現狀，於是很多人跳槽到新的律師事務所，或乾脆自己創業，之後變得比較快樂、也吃出健康。客戶總說來找我比看心理醫生便宜多了。

我檢視我的模特兒合約，發現它只在紐約市生效。於是我聯繫了位於費城、漢普頓、康乃狄克、紐澤西、洛杉磯、漢堡、慕尼黑、巴黎和倫敦的經紀公司，分別與他們簽約，並陸續接到工作。我開始跑歐洲拍攝型錄、雜誌，或美髮與製藥業廣告。對我來說，這份工作報酬優渥，而且我旅行一定坐經濟艙並撙節成本。

我在美國也開始接型錄、廣告和秀展的工作。雖不光鮮亮麗，但總算有工作可做，在廉價百貨公司為客戶展示服裝。有個小小的紙板隔間讓我換衣服，換好就出來。會有大概三十個人坐在那裡，看我展示身上的服裝。需要換下一套衣服時，我便回到那個小隔間，順便吃貝果夾奶油乳酪，每次換衣服就吃一小口，因為我沒有時間一次吃完整個貝果。

紐約的工作最多，但公司還是不安排機會給我。我知道我有實力，也知道問題並不出在我的年紀或我的外表，全都是公司的問題，不是我！

我得想想辦法，我來到公司，坐在等候室，我就一直坐在那裡、一直坐在那裡，終於等到他們帶我去見主管。

我告訴她：「我已經有六個月都沒有試鏡了，你們得讓我走。」

我打定主意，不達目的絕不離開，最後他們同意了。我早就應該這麼做，請你早點學到教訓，才會比我少受點苦。如果情況不會改變，請盡快離開，即使兩手空空或覺得離開後將一無所有也沒關係，哪怕手頭拮据都在所不惜。

這個時候，我加入了以前曾合作過的一家小型經紀公司，他們很高興能再度與我合作，也很喜歡我的新造型。他們派我到多倫多拍攝雜誌，這個機會真是太難得，因為沒有人想要年長的模特兒拍攝雜誌。時尚雜誌很酷，而我一點都不酷，我完全不知道該如何擺姿勢！

至於拍型錄，只要放輕鬆就好了，高高興興地拍，不弄皺衣服就行，也不用硬擺出可笑的角度。拍攝雜誌就不一樣了，突然間，你得放縱地跳躍、舞蹈、伸展、做各種瘋狂的動作。我得先學習一番，於是我開始翻閱雜誌。

我之前唯一一次的雜誌拍攝經驗是在我四十五歲的時候，當時我只是站在某位超級名模的後方，笨拙地當她的背景。

我抵達多倫多，發現我是拍攝現場唯一的模特兒。

我說：「其他的模特兒呢？」

他們說：「不，只有你一人。」

於是我便一頭墜入這個充滿美麗的設計師時裝的創意世界。他們拍攝出一段全白的浪漫故事，長達八頁的雜誌內容全都是我穿著白色服裝，實在是太美了。每換一套衣服就換髮型，即使是我的短髮也能百變。

當我看到成品，我只能說：「哇！」

接著，邀約蜂擁而至。我剛搬到紐約時，帶著老二金巴爾來到時代廣場，抬頭看著那些大型廣告看板，我告訴他：「總有一天我會成為這些廣告的主角。」我們兩個都笑了。如今我真的出現在這裡：首度登上時代廣場十五英尺高的廣告看板。

我參加維珍美國航空（Virgin America）廣告選角，從三百名女性當中脫穎而出。廣告拍攝現場還有一名年輕女子和年輕男子，他們都是非常年輕的模特兒，優秀高傲，完全不跟我互動。然而，最後看板上出現的卻是我的臉孔。當時我六十七歲，到處都可以看到我的廣告：時代廣場、地鐵，以及全美各個機場。你下火車或飛機一定會看到我的臉孔。

誰會想到我成了銀髮族之後會一炮而紅呢?!我十五歲時，他們告訴我模特兒生涯到十八歲就會結束，如今我七十一歲了，卻是我這輩子最搶手的時候。我學到，天無絕人之路，你隨時可以另訂計畫。當然，我花了好長時間才學到這一點，而且我還在持續學習！

此時還出現了另一個巨大驚奇，那就是社群媒體！人們看到我的廣告，非常喜愛我的白髮，我的髮色也讓我接獲許多工作邀約。現在的我總是快樂自信地去工作，因為我知道現場只有我是一頭白髮。如果遇到別的白髮女性，我會笑著說：「撞色、撞色。」

有件事我很確定，那就是我的人生越來越精彩。每個禮拜一，我都更加神采奕奕，因為我期待會接到有趣的工作，就算沒有，我依舊迫不及待地更新我的社群媒體和網站，吸引更多工作機會。所以我說七十一歲真是太棒了，我根本不擔心年紀的問題。

我享樂都來不及了。

2 魅力四射

風趣比美麗更重要

我五十幾歲的時候去試鏡某個需要美貌的廣告。試鏡導演說：「哦，你真美。」

我說：「咦，這不是先決條件嗎？」

我是說，我本來就是來參加選美的。我認為我很風趣，因為我從小在南非長大，早就習慣人們開自己的玩笑了。

對方卻嚇壞了。他們一點也不覺得我幽默……甚至連被列入考慮的機會都沒有，因為我太大言不慚了。

後來，我學到教訓，只要說：「謝謝。」

我到現在還不理解，為什麼美國人那麼愛把美麗二字掛在嘴邊。在南非，聰明、有趣又富幽默感的女性更受重視，而不是你的外表。人們說：「你真有意思。」我以前的確如此，我現在還是一樣。他們更感興趣的是我的營養師工作，以及我的研究最先進，而且還四處演講。他們更感興趣的是我的工作道德和專業度。

我剛到美國的時候，曾打電話給我的雙胞胎妹妹凱伊（Kaye），告訴她美國人喜歡談論美貌的怪癖。

我妹妹凱伊和我很要好，我們每晚聊天，她對每件事都有一番見解。從投資到我是否該做瓷牙貼片（她說不要），我什麼事情都問她。她總是陪在我身邊、給我支持。

凱伊最大的優點就是有話直說、不講廢話，想到什麼就說什麼。

這並不代表她很嚴肅。凱伊總是笑容滿面，而且她是我們兩姊妹之間風趣的那一個。只不過她並不是要取悅別人，而是要讓自己開心。人們因此非常喜歡她，她一開口就能擄獲眾人的心。你見到她也會愛上她。只要有人和凱伊談上話，我就只有坐在角落織毛衣的份了。只可惜你不會有機會見到她，她深居簡出。

凱伊說：「大家都覺得你很漂亮，就算他們嘴上不說，但當你走進來，所有人都看著你。」

我自己卻從未注意到，因為我誰也不看，只看著我要去的方向。這讓我想起多年來跟我約過會的男人會說：「梅伊，我們走進餐廳時，你能不能走我前面？」

我照辦，然後他們再走過來，這樣大家都能看到他們是和我在一起。當然，這些男人最後還是拋棄我，因為這就是只看外表的人會做的事情。

我應該先跟他們分手的。遇到美麗的人，當然會喜歡跟他們在一起，如果他們不感興趣，你就會迅速抽身。要讓人們愛上你的個性，而不是外貌。

我記得曾見過一對夫妻：男的英俊瀟灑，女的長相平庸，看起來很不相配，直到她開口說話——立刻成為現場最有魅力的人。

就是因為她的態度、她的自信，以及她看待人生的方式，後來我們成了好朋友，因為她聰慧又詼諧。和她相處永遠都不會膩。

一個人的特質可以有很多層面，我寧願將來我的墓碑上寫著「她很風趣」，也不要寫著「她很美麗」。

如果長相不完美卻又過度執著外表，會產生不安全感。這會讓你鬱鬱寡歡，也會阻礙你發展出其他更美好的特質，像是機智、幽默和有意思。

我的建議是善待別人、聆聽別人並積極樂觀。不要開口閉口都在講你的悲慘人生。展現自信、尊敬、關注和笑容；這麼做能讓你魅力萬千。

每個人都有值得與人分享的才華，如果此時你覺得你沒有任何才華，不妨想想過去對人生自豪的時候，想想那個部分、研究它、分享它，讓自己變得更風趣。如果你有專業、嗜好或特殊興趣，則多多深入了解，讓它成為聊天的話題，並對它充滿熱情，你將因此變得更有趣、更聰明。

你不需要多才多藝，但你需要有所擅長。當人們問我某道菜怎麼煮，我束手無策，因為我不擅長烹飪。我不會因而難過，這不是我的才華，也不是我的興趣。我不喜歡烹飪，自然不會為了引人注意就去實驗某道新菜。你所擅長的必須也是你喜歡的。

還有，要培養幽默感，對別人所言不要那麼敏感。有男人想跟我約會，我拒絕他，他會說他能找到比我更年輕的。我只是笑一笑，我根本不在乎他能找到誰；我對他不感興趣，更不會因為他說了什麼而沮喪。

我們得接受現實，心滿意得。若能談笑風生、自我解嘲、讓聲音多點爽朗，你就會更加風趣。不談自己很難，尤其是如果你歷經困難，會更想說給人聽，但你更需要讓自己魅力四射。

3 成功的名模、糟糕的穿著

你不需要有品味，找個有品味的朋友就行了

我以往每年會在我生日或參加婚禮時，盛裝打扮一到兩次。一直到我六十七歲、受大兒子伊隆之邀，去參加時尚界盛事「紐約大都會藝術博物館慈善晚宴」（Met Ball）時，我才知道走上紅毯之前的準備工作有多繁瑣。華服上身，感覺非常美妙。我昂首闊步、亭亭而立、對每個人微笑，再來個小跳步。

現在我知道，名人能穿著禮服、光鮮地走紅毯或參加電影首映會，背後的相關人員有多辛苦了。設計師、造型師和造型助理為了找到完美的禮服而忙得人仰馬翻。你不知道的是，還要有完美的內衣才能襯托出完美的禮服。另外，首飾配件也非常重要，能展現出端莊或大膽的風格。每一次的髮型都得不一樣，才能讓人們知道你別出心裁。化妝師也必須決定要採用「裸妝」的自然風（還是得花一個小時），還是用假睫毛和調色盤打造出的華

麗風。

我能夠光鮮亮麗地參加盛會，都要感謝茱莉亞・佩芮幫我打扮，她是我近三十年的摯友兼造型師。

我四十三歲認識茱莉亞。當時我在多倫多剛念完第二個碩士，正為創立營養師事業發愁。我的模特兒事業顯然很成功，因為某間有附設模特兒學校的經紀公司願意免費出借辦公室，條件是我要在晚上到模特兒學校任教。於是，我開始傳授伸展台、平面媒體和模特兒專業知識，同時，我第一次在外地有了自己的辦公室。這真是令人興奮，我覺得自己是個專業人士。

才不過一個月的時間，他們便請我擔任模特兒學校的負責人，因為原本負責該校的女士做事毫無章法。大家都知道我可靠又守時，這是一大優點。我主動表示要多教穿搭這門課——我以前在南非教過，但當時卻沒發現自己其實所知甚少。

他們找來一位專家，她一開口，我馬上發現自己對穿搭一無所知。她開始談到四季更迭、各種色彩和各種質料……我佩服得五體投地。

我就是這樣認識茱莉亞的。她對我的第一印象也很深刻。

「有位美麗優雅的女士，」她會說：「在模特兒學校任教，是成功的名模，但穿著卻糟透了，慘不忍睹。」

如今我的服裝一定跟上時尚潮流，但我以前並非如此。我小時候，我母親自己的衣服和我們小孩的衣服都是她親手縫製的。青少年時期，我學會縫紉，衣服都自己做。我做得出喇叭裙襬和直筒洋裝，連套裝也難不倒我。一開始我照既定版型去剪裁，後來，我母親送我去上打版課，如此一來，只要出現在雜誌裡的服裝，就算還找不到版型，我也能做出來。如果我想穿高端時裝，我就得自己做。

工作時，我多半穿套裝，不穿緊身衣服，因為我做的是諮詢工作。穿套裝讓我感覺良好，我因此能自信地走進辦公室。我認為這樣的裝扮看起來很聰明，讓我看起來值得信任。

我女兒托絲卡會說：「你又要穿那套灰色套裝、還是深藍色套裝？」

因為我的穿著總是千篇一律。

我一向把自己打理得很好，我只是沒有那麼好的品味。還好我一直都不自覺。我怎麼可能會知道呢？和我一起共事的都是科學家，我們專心研究，幫助人們，協助他們維持健康。我們熱愛這份工作。我的打扮已經比我的科學家朋友時髦了，同事當然覺得我穿得很美，我對此也很有自信。

然後我認識了茱莉亞。茱莉亞告訴我應該要穿好看一點。她堅稱我不該買一大堆套裝，只要有一套剪裁合身、質料高級的套裝就夠了，她說她可以幫我穿搭。我需要她的幫忙，但又無力付她酬勞，因此我們同意我提供營養諮詢來交換她當我的形象顧問。我改善了她的飲食習慣，她也覺得很受用，至今未曾間斷。而我知道她給我的意見改變了我的人生。

在遇見茱莉亞之前，我不怎麼了解該如何從頭到腳打扮自己來創造最大效果。認識她以後，我從裡到外散發自信，而且我深信我的兩份事業邁向巔峰都是拜她的穿衣建言之賜。

一開始，茱莉亞來我家檢視我的衣櫃，丟掉了幾乎所有的衣服，只留下幾件可穿。「現在，」茱莉亞說，「你得去買一套套裝、兩件襯衫、一雙鞋子和一個皮包。可以嗎？」

我說：「我什麼都買不起。」

她說：「你必須穿得像你的客戶一樣好看。」當時我依舊拮据，所以我答應她分階段進行。我不需要一下子買進太多新行頭，我的客戶每個禮拜才見我一次，所以我不需要每天穿不一樣的衣服。

我第一次穿上那套衣服，剪裁合身，質料優美，我的確覺得更有自信。

我開始賺錢後，茱莉亞希望我繼續添購衣服，但我沒那個閒工夫，我工作滿檔，沒時間逛街。

她說：「空出一個小時。」

百貨公司就在附近，她先前往，挑出所有她認為重要的東西，像是第二套套裝、鞋子和襯衫、休閒服，還有一件大衣。然後我再趁工作空檔衝到現場，迅速試穿、付錢，再趕回辦公室。我們每兩個月就用這種方式血拼一次。就這樣，她協助我備齊了基本穿搭單品。

若你想穿著時髦，但又覺得很難做到，不妨像我一樣，找個極有品味的朋友。這種人通常很喜歡逛街，請他或她帶你一起去逛街，幫你選幾件基本款服飾，以及特殊場合穿的華美服飾。還得讓他們幫你選購首飾配件，像是耳環、項鍊、皮包、鞋子和絲襪。你需要從頭到腳完整的搭配。穿上朋友幫你選搭的服飾難免感到不舒服和奇怪，我也是這樣，而且一直如此，但我收到太多人的讚美，讓我不得不對比我更時尚的朋友心服口服。願意改變、勇於犯錯、再次改變，直到找到你自己的風格為止。

我這輩子多半不富有，但我還是利用我有限的才能盡量穿得時髦。你可以像我多年來一樣，自己做衣服。買版型和便宜布料，幫自己做一件美麗的洋裝。當然，你也得有一台縫紉機。到處都找得到便宜布店和折扣布料賣場。我剛搬到多倫多時，有個朋友帶我去平價服飾店，說服我買了一件十加元的四十二號迷你裙。我很難為情，但大家都說好看。我們總以為穿得好看一定得花大錢，但讓我這個為錢煩惱多年的過來人告訴你，你必須把治裝費列入年度支出的一部分，就像剪頭髮和看牙醫一樣。如果你每年只能花兩次、每次只有五百加元，則不妨把握大拍賣，或是去二手店和服飾出租店，都可以找到兩、三套能為生活和工作增色不少的服裝。這項投資很值得，你需要訂計畫。

我的計畫是這樣的：一年有兩次，我的朋友茱莉亞會到我家，瀏覽我衣櫃裡的每件衣服。我們一直在精簡我的服裝，只留最好的和最基本的，方法是，把衣櫃和抽屜清空，然後只把適合你和你喜歡穿的衣服與配件放回去。需要縫補的就縫補一下。

簡化衣櫥、只留幾件我真的會穿的衣服，如此一來，每天換衣服變成樂趣，而非苦差事。許多人會追蹤時尚部落格、花好幾個小時去血拼或嘗試不同造型，並且樂此不疲，但這不是我！我確實注重穿著，但我不想每天花太多時間在這上面。因此，我和茱莉亞常常檢視我的衣櫃，拿出我很久沒穿的衣服，放入「穿出成功」(Dress for Success）捐贈袋裡。這些衣服狀況極佳，只是不再適合我穿，但會有人非常樂意擁有。我真希望當初我買不起大衣的時候，多倫多也有捐贈計畫。

如果你不常清理你的衣櫥，則很可能有一半的衣服都已經太小、太大、需要修補，或已不再符合你的風格。衣服最重要的是要合身，太大看起來邋遢，太緊看起來可怕。

我和茱莉亞都認同需要先具備完整的基本款，然後再添副金圈耳環或一件好看的牛仔褲和帥氣的靴子。從簡單的物件開始：常會穿到的，像是穿任何上衣都顯性感的黑色牛仔褲、可搭配毛衣或長版襯衫的假皮緊身褲、高級灰色羊毛大衣或風衣、百搭的T恤和耳環等等。如果你才要開始購入服裝，或需要大幅更新，則不妨投資一件好看的西裝外套或夾克，這能為原有服裝增色，畫龍點睛。

買夠基本款以後，添加色彩會變得很有趣。可以來一件綠色或粉紅色的開襟毛衣或隨手套上的外衣，或用時髦的皮帶來改變風衣造型。高品質皮件也能為原有的服裝生色不少，讓你更有個性。茱莉亞剛開始幫我改變搭配時，把我原有的皮包全部丟掉，換成一只真皮包。即使我手頭緊，她讓我知道質比量重要，所以我用一只名牌包來寵愛自己，但又不會有罪惡感。這樣便能永續又時尚，重複穿戴一樣的物件，而不需常常添購新品。

以上故事的寓意是：不用衣著講究也能穿出時尚，你只需要一個有品味的朋友。

我有時也會遇到其他像我一頭白髮的女性。

她們會說：「我超愛你的洋裝。」

我會說：「嗯，你也能這麼穿。」

她們說：「我沒辦法。」

很多女性以為她們不能，無論是年紀和我相仿的女性，還是所有年齡層的女性，就是不肯嘗試。我知道，因為我以前也是這樣。

茱莉亞會說：「穿這件！」

我則說：「不，我不要！」

我企圖抗拒，但她毫不妥協。每一年我的慶生會到來，我都會嫌洋裝太緊或太花俏，但她完全不理會我的抗議。我很高興她不為所動，因為最後照片看起來全都美不勝收！

因此現在她的建議我照單全收，因為我學到，只要去嘗試新造型，就很有可能愛上它。就算不喜歡，那又怎樣呢？不過是衣服罷了。你大可試試慘不忍睹的搭配，因為下次就不用再穿它了。穿搭並非永久不變的。

過去我不夠大膽，但現在我無所畏懼。我參與過許多主題新穎的時尚雜誌拍攝和試拍，習慣了大膽驚奇的造型，如今我對時尚更加好奇，甚至更具冒險精神，把我的造型交託給我的高端時尚團隊。有好幾次，我做好造型要參加活動之前攬鏡自照，都不禁納悶：「我的造型師在想什麼？我看不懂這個造型。」但是，我喜歡聽到攝影師、朋友和陌生人讚美我一點都不像七十幾歲的外表，也很樂於大玩時尚。我怎麼會那麼久才領悟？

有人稱讚，你會很開心、更抬頭挺胸、更笑臉迎人、對你的新時尚造型也更感自在。試試看吧！

4 我愛化妝、化妝愛我

化妝能改變外表和心情

即使從內心散發魅力很重要，但也不要因此素顏。我熱愛化妝，因為我能把我的臉當做空白畫布一樣，畫出一幅藝術作品。我有曬斑和黑眼圈，沒錯，還有皺紋，優質的粉底和遮瑕膏能讓我的膚色均勻。我的眉毛和睫毛很稀疏，嘴唇也很薄，眉筆有很好的修容效果。眼妝能畫龍點睛，讓我的眼睛看起來更大，睫毛膏的效果更好。一黏上假睫毛，我便立刻光鮮亮麗，隨時都能走上紅毯。唇形用唇線筆一描，能讓我的雙唇變厚，唇蜜則賦予豐滿的視覺。妝容讓我的皺紋減少、眼睛變大，並修飾雙頰輪廓。這是我愛化妝的原因。

不同色彩的眼影和唇膏能創造出不同的妝容，玩彩妝很有趣，畫完後看到成果也很有成就感。

我從少女時期就開始化妝，當時是六〇年代，我研究時尚教主「小樹枝」（Twiggy）在各大雜誌裡的打扮，仿效她的妝容很費工，先用眼線筆在眼皮上畫一道假雙眼皮，再黏上假睫毛，然後在下方再黏一層，還會在下眼睫毛上睫毛膏。總要花上一個小時，但很好玩。我們很喜歡這種造型，因為看起來很出色時髦。我老爸總會過來說：「太超過了。」

問題是，要追隨時尚就得隨時改變。當裸妝流行起來後，我得完全換掉我的化妝流程。六〇年代，「小樹枝」引領風騷，每個人都跟著畫上細眉，我很會用眉夾修眉，拔掉的眉毛再也沒有長回來。我天生眉毛就不多，還用眉夾拔掉了僅有的幾根。

流行趨勢改變後，我得設法把眉毛變回來。

自此我一直都畫眉毛，這就是化妝的樂趣所在。我不是很擅長畫眉，但這不失為讓我還有眉毛的辦法！

我今年七十一歲，還會走紅毯或伸展台，大玩盛裝遊戲。但我平常可不是這麼穿的！我在家多半不會化妝，只清潔皮膚，上點護唇膏。我牽狗出門辦事、白天用電腦，或去接我孫子女放學時，也是素顏。平常我只在出去用餐、和朋友見面或去開會時化妝。

我的日常妝容一定從清潔和保濕開始，清潔程序很簡單，在家用洗面乳，出門旅行就用肥皂和水，之後搽眼霜，大晴天就會搽上防曬係數十五以上的保濕乳液。晚上徹底卸妝，然後搽眼霜和晚霜。

防曬乳絕不可少！你可以選擇不化妝，但如果你不防曬，就是自找麻煩了。有太多女性重視護膚，又卻以我所謂「不防曬」的狀態在做日光浴。一個人能做的最好決定就是保護皮膚不受太陽傷害，無論是戴帽子或搽防曬乳都可以。

除非要走紅毯，否則我都自己化妝。如果我帶著自己畫的妝去走紅毯，看起來就像彩妝都要融化。專業化妝師才能修飾我的輪廓，讓我散發光彩。有時他們會幫我塗上綠色眼影，或在眼角刷上金色，這不是其他七十幾歲的女性會用的色彩。社群媒體上的評價都很正面，所以我們繼續嘗新。網路上的評價包括「犀利」、「火辣」、「GOAT」（永遠最棒，Greatest of All Time）和「OG」（厲害人物，Original Gangster）。這真是有意思了。

我自己化妝只要十分鐘，化妝師則需要一個小時，就算我自己也花一個小時，還是無法畫出美麗的妝容，因為我沒有這方面的才華。那些人是藝術家！而我是科學家，做不到藝術家所做的事情。但就算是沒有藝術天分的人還是可以用化妝品畫出不錯的效果，重點就在於要有幾個簡單工具，以及學會如何使用它們。我認識一位化妝師，她把她所有的彩妝和工具都放在一個化妝箱裡，這些工具和化妝品重達五十二磅，而且她坐飛機都得帶著它，每次都要付行李超重費，但她就是需要這些超重兩磅的工具。那是她的工作。

我很幸運在我需要盛裝出席活動時，有我朋友茱莉亞擔任藝術總監。我們會一起決定當晚我要打扮成什麼風格。她會挖空心思確保我搶盡鋒頭。

要做什麼樣的髮型？怎麼化妝？我會不會有好氣色？要不要來個大膽的眼妝？色調強烈的口紅？她可能會要求用金色、紫色、藍色。她還會考量場合，針對每個活動來設計主題人物。是電影活動？新書發表會？還是慈善晚會？然後就讓大家分工幫我梳化。儼然是場變裝派對。

我六十九歲被封面女郎公司選中代言，真是喜出望外。我以前參加過彩妝產品宣傳活動，但從沒當過主要代言人。我非常興奮，現在全美都可以親眼看到化妝不分年齡。我從未被要求裝年輕，也不覺得需要隱藏實際年齡。我滿懷開心地迎接七十一歲！非常樂於讓

5 自信遊戲

抬頭挺胸、體貼周到

你有時不免失去信心，但還是得抬頭挺胸來假裝有自信，這是一場遊戲。美姿是我們家的遺傳，我母親是舞者、我父親是脊椎矯正師，而他的母親則是加拿大脊椎矯正先驅。我們幾個小孩很早就學習美姿，我的姊姊和妹妹持續以此為職志，當上舞蹈老師，而我哥哥也繼承衣缽，成了脊椎矯正師。我們走路都是挺直腰桿。

我父親每年會在院子裡舉辦走路比賽，我從沒聽過有別人辦過這樣的比賽，他真是個宣傳高手！他會邀請他所有病人和朋友到診所前院的大花園來。我母親會事先烤好許多派冷凍起來。我們有一台大型冷凍庫，可以冰得下她做的上千人份的派。她還會準備咖啡和茶。所有客人在花園就座後，比賽便開始進行，最佳美姿獎得主會獲得一紙證書。每個人都看起來自信又快樂。

我這輩子常遇到別人稱讚我的儀態，現今人們往往以為這是拜我的模特兒專業之賜，但並非如此。它來自於我的家庭。如果你看到別人昂首闊步，你會不會也想效法？你當然可以，熟能生巧。無精打采看起來悲傷又沒安全感，而抬頭挺胸則看起來無敵與自信。想要展現自信，就從改善儀態做起。挺直腰桿，打開雙肩，面露愉悅，看著對你說話的人，視線不要移開。不妨把它叫做自信遊戲。

除了姿勢，舉止也很重要。也許因為我父母是加拿大人的關係，他們說話輕聲細語、舉止得宜，讓我從小耳濡目染。他們對人有禮貌又體貼。模特兒學校裡有一門禮儀課，教導我們如何在餐廳點菜，以及如何正確使用刀叉。

我學到的餐桌禮儀讓我一輩子受用。我在我位於南非布隆方丹市（Bloemfontein）的模特兒學校講課時，也開設禮儀課。該課程不限模特兒，附近學校的家長也紛紛送子女來學習良好禮儀。

我要求我的模特兒學生們準時到課、口齒清晰、不要忸怩害羞。彬彬有禮自然就更能滿懷信心，在別人眼中也更顯自信。我遇到舉止有禮的人，也會很欣賞他或她。而且，有禮貌一點都不難。

我一向期許我的子女和孫子女自信有禮、儀態優雅、舉止得宜，我希望我能夠像我父母一樣以身作則。

我大兒子伊隆有五個兒子，我搬到洛杉磯後，我們常常一起聚餐，每次聚餐都一團亂。你可以想像每個人都開口說話有多吵鬧。

於是我說：「從現在開始，我每個禮拜和每個孫子獨處三十分鐘。」星期五下午，我來到他們家，我們坐下來聊學校功課、聊他們想做什麼，以及對什麼有興趣。有時候我陪他們玩遊戲或念故事給他們聽。

然後我帶他們到餐桌前，教他們如何有禮貌地吃飯，如何有禮貌地說話，如何等到適當空檔才開口，並且不對彼此叫嚷。「吃東西不張嘴。」「嘴巴有食物不講話。」如何正確使用刀叉。他們都學會了！

我告訴他們：「吃飽後，要把自己的盤子拿到廚房，不過你們也可以幫忙拿爸爸和我的盤子。不要每次都搶著告訴爸爸今天做了什麼，要先問爸爸今天過得如何。」

於是我們共進晚餐，孩子們行為規矩。伊隆走進來坐下，其中一個孩子說：「你今天過得怎麼樣？」

他顯得相當不解。

另一個孩子說：「我要先問的！」

又有一個孩子說：「不，我要先問！」

場面變得趣味橫生。

然後他們又搶著要先把盤子拿到廚房，我說他們必須輪流。

如今，經過多年，他們個個都是非常有禮貌的孩子，我引以為傲。

舉止得宜的人易被人接納，比大聲嚷嚷、脾氣暴躁、指手畫腳更能讓人印象深刻，別人會覺得你很好相處。

即使你天生就是個自信篤定的人，但一生中總免不了遇到自信心增減的情況。隨著年紀增長，我們偶爾會失去自信。你會以為我年過七旬以後會比較沒自信，但事實上我比以前更有自信，因為我不再擔心被拒絕或別人的酸言酸語。我當模特兒的時候，十次有九次被拒絕。如果你失去自信，你得找出箇中原因。女人很容易沒自信，她們覺得自己必須無所不能，曾被人批評打擊，或者承擔太多無法事事成功。多練習你所擅長的，別嘗試面面俱到。

我自小功課好，體育爛，即使各種運動都試過也不見改善。而我的雙胞胎妹妹凱伊功課沒那麼好，但卻是個天生運動好手。我們對彼此感到驕傲，欣賞對方的成就。我們都沒有因為智育和體育只擅長一項就失去自信。

如果你一向自信滿滿，遇到不順的時候，不妨了解一下原因。是什麼擊垮你的自信？有人說了什麼酸言酸語嗎？對方是否知道你因此受傷？你為什麼會受這批評影響？職場中看到有人在某方面的表現值得你效法，你就該更努力發揮自我才能，向那些更有經驗、更優秀的同儕學習。

我離婚以後，重拾自信，努力建立起一個快樂家庭、養出快樂的小孩、交了許多對我友善的新朋友，並成為事業成功的營養師和模特兒。

失去自信後，也許需要做出巨大改變才能找回，長期陷入低潮不是辦法。你需要和那些真正了解你的家人、朋友與同事在一起。他們能讓你抬頭挺胸、昂首闊步。

Part Two

冒險

6 藍花楹季節 各行其志

人們多半遵守規範，我父親卻例外，他很特別，他想要開飛機環遊世界。我父親約書亞・豪德曼（Joshua Haldeman）熱愛探險，而且只開車並不能滿足他，所以從小我家就有一架勃蘭卡（Bellanca）飛機。它是帆布蒙皮的螺旋槳飛機，名為溫妮號，那是我母親的名字。

我母親叫做溫妮弗雷德（Winnifred），大家都叫她溫（Wyn）。她是個很棒的人，我年紀越大，越明白她有多優秀。

她的父母從加拿大移民到英國，我母親在一個叫做木斯久（Moose Jaw）的小鎮長大。我父親的家族則於一七二七年從瑞士移民到費城，他在明尼蘇達州出生，他四歲的時候，全家搬到加拿大薩斯喀徹溫省（Saskatchewan）的瓦爾德克市（Waldeck），住在農場裡。

我父母在大蕭條之後相識。加拿大經濟蕭條是一段很悲慘的時期，人們紛紛走上街頭乞求溫飽和子女的基本醫療照顧。為求生存，他們開始以物易物。我父親曾在愛荷華州的戴文波特市（Davenpart）研讀脊椎矯正醫學，他靠著幫人馴服馬匹來換得住宿，並提供脊椎矯正來換取食物。我母親只有十六歲，她在《木斯久時代論壇報》（*Moose Jaw Times-Herald*）打工，是僅存的兩名員工之一，她之所以能保住工作，是因為她的薪水最低。她們全家就靠她微薄的週薪過活。

她二十幾歲的時候立志當舞者，先後赴芝加哥、紐約和溫哥華學習舞蹈和表演。你能想像在她那個年代，她一個弱女子居然單獨經歷了那麼長的訓練旅程嗎？那就是冒險犯難的精神！

大蕭條結束後，我父母不約而同搬到薩斯喀徹溫省的里賈納（Regina）開業。我父親開了一間脊椎矯正診所，我母親則創辦了舞蹈學校。我手上還有地方報紙對該校的報導，以及她跳舞、她的學校和所有學生的照片。

我父親來上社交舞課，他很喜歡她，因此約她吃晚餐。她說：「我不和客戶約會。」於是他立刻取消課程，再邀約一次。她答應了。他們的結婚照片看起來很樸素，因為他們當時沒錢。她穿了一件灰色套裝，他則穿西裝。她一向自己做衣服，或許這件結婚套裝也是她自己做的。不過，兩人都笑得很開心，也一輩子琴瑟和鳴。

我父母在里賈納市生了四個孩子，我父親還有一個前次婚姻生的兒子，我同父異母的哥哥傑瑞（Jerry）長得和父親很像。然後是我哥哥史考特（Scott）、姊姊琳恩（Lynne）、然後，一九四八年，我和我的雙胞胎妹妹凱伊誕生了。

他們在一九四八年，也就是我和凱伊出生的那年，買了那架勃蘭卡飛機，這是他們的第二台飛機。第一台路斯康貝（Luscombe）飛機是我父母從里賈納開車到卡加利（Calgary）路上買的。我父親看到一台飛機停在農田上，還放了一個「出售」的牌子。他沒有多少現金，但還有正在開的那台車。於是他們用車子交換了飛機，把我母親送上回里賈納的火車，再雇用一名飛行員載他飛回里賈納。

不幸的是，我父親暈機，可能是因為在大蕭條期間從事馴馬工作時傷到了內耳，飛行員須不時降落，等他好一點再繼續飛行。日後只要是他開飛機，就不曾暈機，只有在當乘客時才會不舒服。

那時他四十四歲。

我父親會固定開飛機來往薩斯喀徹溫和艾伯塔（Alberta）。他有一次一路飛到洛杉磯，但因為霧霾的關係看不清楚機場，當時的導航系統不比現今發達——可以說差多了！有一次，他得一路跟著無人區飛行員才能從落磯山脈順利飛回家。

我第一次搭飛機是我三個月的時候，我父母帶著我和凱伊飛到愛荷華州開會。我們中途先停靠埃德蒙頓（Edmonton），我之所以知道這件事，是因為當地報紙刊登了我和凱伊的照片，他們稱我們為「飛行雙胞胎」。

我父親很傑出，他勇於冒險、無所畏懼，我們完全信任他。

他是個以身作則的偉大人物，他努力工作、體貼周到、待人和善。他是個省話的溫柔巨人。我三個孩子對他們的外祖父沒有記憶，因為他在我兩個兒子年幼、托絲卡還在我肚子裡時就已辭世。三個孩子都喜歡吹口哨，我喜歡這樣，因為會讓我想到我父親，他生前也常常吹口哨、哼歌曲。這讓我開心，因為我一向認為吹口哨或哼歌曲代表一個人很開心。

一九五〇年，我父母決定搬離加拿大。他們認識了南非來的傳教士，聽聞那裡有多麼美麗。於是他們打包了那台飛機、一九四八年出產的凱迪拉克、我們幾個小孩和所有家當，我們上了貨運船航行兩個月來到非洲。我不知道那兩個月在船上，我母親是如何照顧好兩個兩歲的雙胞胎和六歲與八歲的幼子。但她做到了。

我父親一向親自裝修他的飛機，當時他拆掉了飛機的翅膀、打包裝箱、運到開普敦。我們在機場過夜，等著父親把機翼裝好，載著我們四處飛行、探險。那些裝飛機的木箱拆除後，在他的矯正診所籌備期間被拿來當成家具，有些書櫃後來用了好幾十年。

我父親想住在內陸城市，所以人們建議他飛到約翰尼斯堡，因為那裡的人講英文。而附近的普利托利亞市說的則是南非語（Afrikaans），定居在那裡比較困難。

然而，當我們飛越普利托利亞市的時候，正遇到藍花楹的花季，整個城市籠罩在一片藍色花海當中。

他從來沒見過如此美麗的景觀，於是他說：「這就是我們要定居的地方。」

普利托利亞市是我們生長的城市，我們的房子有高大的樹木（這在薩斯喀徹溫草原很少見），當地民風熱情。不管認不認識，南非人叫所有大人都是叔叔（Oom）和阿姨（Tannie）。我們覺得這很可愛。

我父母用單螺旋槳帆布飛機載著年幼的孩子到處飛行，這在加拿大很少見，人們覺得我們未免太瘋狂。來到南非以後，人們對此更是難以置信，還有人說我們是「美國瘋子」（我們是加拿大人，不過對他們來說都一樣）。

人們覺得我們很奇怪，因為我們有自己一套行事風格。不僅因為我們是從外地來的，因為我們在加拿大也是特立獨行。我們之所以與眾不同，因為我們有豐富的旅行經驗；因為學校制服由媽媽親手縫製，而其他小孩買現成的制服；因為我們煮咖啡，不喝茶；因為我們的後門大開，任何人都能進來，而其他孩子的家長得事先約好才讓同學到家裡玩；因為我們帶去學校的三明治是全麥麵包，而其他人的三明治都是白麵包。我們小孩很少買零食，那些熱狗麵包和英式肉派讓我直流口水，但我很少吃過，因為我不想把零用錢花在這上面。我們有一台凱迪拉克，我父親的朋友也有一台進口的凱迪拉克，除此之外就是我們家這一台了。我們還有飛機，我不知道除了我父親那位朋友之外，全南非誰家還會有飛機。

我父親從不是那種會跟風從眾的人，當他覺得他想做某件事情，就會去做。我母親也一樣，她甚至在認識我父親之前就已經創業成功了。

我五歲的時候，他們從普利托利亞飛到奧斯陸參加脊椎矯正學會議，這段航程越過了非洲、西班牙和法國。途中還在倫敦停留，好讓我父親順道拜訪當地幾位脊椎矯正專家。

我六歲時，他們開始規畫前往澳洲，這段航程來回超過三萬英里，因為，他們當然還得自己飛回來。這對他們來說司空見慣，但對我們的鄰居來說卻很不尋常。我的父母除了不尋常以外，在沒有衛星定位和無線電的情況下，他們還得使用指南針來導航。他們的航行需要大量的規畫，因為他們知道事情難免出錯，必須防患未然。沒有衛星導航，你必須仔細研讀地圖。沒有無線電，你必須準備好一切靠自己。如此長途的飛行需要大量燃油，所以他們移除了後座，放入油桶，如此一來，越洋飛往澳洲時就會有足夠的燃油。他們買好所有修理飛機可能需要的工具，我父親知道如何修他的飛機。

我父母能順利完成這些旅程，是因為他們非常仔細小心。飛行時，他們會了解天氣，利用指南針，在地圖上模擬路線，飛抵目的地上空時也會細看指標，以確定這是正確的降落地。沒有機場的時候，他們會降落在運動場或街道上。他們比我勇敢多了。現在我了解他們的壯舉，很驚訝他們能夠平安無事。

訂定計畫並不保證一切都會順利，只代表當事情出錯時，你會另訂計畫。

他們的航程從非洲沿岸開始，越過亞洲，飛越太平洋，然後再返回。我們還留著他們的路線地圖，我爸、我媽和溫妮號飛越太平洋探險全世界。

在當時，他們已經去過六十個國家，每一個停靠點都被畫在機翼上。

◆ ◆ ◆

我們家的小孩必須對自己負責，這很不尋常，即使在當時也一樣。

我和我的雙胞胎妹妹四歲時就手牽手自己走路上學。我們會和七歲的姊姊琳恩一起走，她帶著我們過三個馬路、走約半里的路程。我們的幼稚園比她的學校還要遠三百碼，所以最後一段路我和凱伊得自己走。放學時我們先走到琳恩的學校等她，等她跟我們一起走回家。

父母鼓勵我們靠自己。

我哥哥史考特記得有一次爸媽帶他飛行，他們飛越中非，經過烏干達、肯亞、桑吉巴和奈洛比。史考特說，在桑吉巴和奈洛比的時候，我父母讓他獨自一人在街上閒逛，他說，這要是發生在今天，絕對會被告虐待兒童！但對我們來說這卻是稀鬆平常。

外出旅行時，我們小孩被要求必須能幹。我第一次騎馬，是在現今叫做賴索托的地方，那是個多山地區，我們得在幾天的時間走完六十英里。我那出生於普利托利亞的弟弟，李（Lee），當時才五歲，他和我母親留在營地。那時史考特十七歲。

我們連續騎馬好幾天，那是段艱辛又濕答答的旅途。那幾天我們沒有生火，只吃罐頭和麵包。我們沒辦法睡太久，因為晚上會有牛來舔我們的臉，或偷我們毯子。

或許這正是後來我和孩子們擠在小公寓也甘之如飴的原因。沙發床雖然不怎麼舒服，但能夠睡在室內，總好過外面有動物想要舔你臉上的鹽分。

你不一定要循規蹈矩，你可以特立獨行。我小時候便學到這一點，長大後非常受用。我取得營養學學位後懷孕了，無法外出上班，所以我乾脆自己創業。我的同事多半不贊同，他們說我應該在醫院工作至少五年，再出來開業。我別無選擇，而且我真心喜歡幫助人們吃得健康，所以我願意越洋搬家，一而再、再而三地重新展開我的營養諮詢事業。搬家令人討厭，但我想我一直都會願意嘗試好玩或刺激的事情。

如果你的生活千篇一律、長年做同一份工作、住在同一個地方，而你快樂滿意，那就繼續保持如此。

如果你煩躁不安或悶悶不樂，想要改變現狀，則立刻開始研究你能做什麼、可以住哪裡，以及什麼樣的工作最能滿足你。探索新地方與認識新朋友能夠拓展你的心智，讓你更快樂。

7 探險之旅

計畫已知、防患未然

七月在南非是冬天，每年這個時候，我們全家會外出找尋喀拉哈里沙漠的失落之城。在那個時候，波札那（Botswana）還叫做貝專納保護地（Bechuanaland）。有時是由我父親開飛機、我母親駕車，有時則是我們大家都搭上廂型車，帶著指南針到喀拉哈里沙漠待上三個禮拜。我母親會打包三個禮拜分量的食物、水和汽油，以及我們五個小孩。

我父親從吉蘭莫．法瑞尼（Guillermo Farini）的一本書中得到要去尋找失落之城的靈感，這位加拿大作家曾於十九世紀末期駕牛車橫越那座沙漠，並說他找到了失落之城的廢墟。法瑞尼也曾靠著拉繩索徒步越過尼加拉瀑布，所以你知道他是那種一心嚮往冒險的人。

我父親想要駕車追隨法瑞尼走過的路線，這成為我們七月度假的行程。如今我會想：你能想像帶著五個年幼的孩子待在沙漠三個禮拜嗎？當然，我母親不一定要去，她可以自己決定。她大可陪我們小孩待在家。但父親非去不可，她不想讓他獨自一人，所以我們全家都去。

我從不害怕去沙漠，因為有我爸媽打理一切。就算聽說土狼會在半夜咬掉我的臉，我只要把睡袋拉起來讓土狼碰不到我就好。我不認為這些旅行會出什麼差錯，也許我父母討論過安全問題，但他們一定萬事俱備。他們似乎設想到每一件事。我不用煩惱打包行李，因為我母親會處理。現在回想起來，她必須考慮到每一個細節：我們五個小孩的衣服、食物和水。我父親則必須準備地圖、指南針、汽油和修車工具等等。他們真是超人。

每件事都預先設想到，我們得帶上三個禮拜分量的水。我們有罐頭蔬菜和罐頭水果，還有可供第一個禮拜食用的新鮮食物，不能再多，之後兩個禮拜當然就吃不到了。

這是我家的座右銘「險中求存、如履薄冰」接受考驗的時刻。事情當然會有出錯的時候，需要預先設想，防患未然。

我們知道迷路的可能性很大，路上不時會看到死在沙漠的人的墓碑。我父親有時會雇用嚮導幫我們翻譯，但沙漠裡的部落太多，大家都說著不同的語言，因此我們常常只靠自己。當時波札那由英國統治，貝專納保護地政府派有駱駝隊在沙漠巡邏。我父母會規畫從某個小鎮開始，一路旅行到另一個小鎮，駱駝巡邏隊知道我們的行程、知道我們何時會出現在哪裡。如果我們三個禮拜以後沒有出現在另一頭，他們會立刻去尋找我們。

我父親知道我們有可能陷在沙堆，所以他還帶了鏟子。若有人陷入沙裡，我們會把自己挖出來。為避免車子陷進樹叢裡的窪坑，我們小孩輪流跑在車子前面，以確保前方沒有坑洞或樹樁，因為根本沒有道路。我們有完備的工具，要是廂型車出問題，我父親就能自行修理。他有一把銲槍，如果車子撞到樹樁，他和我哥哥史考特就會生火點著銲槍，鋸開樹樁，讓我們能再度上路。

東西損壞，我們並不慌張，我們加以修復，繼續前進。在人生當中，我們害怕許多不會發生的事情。當壞事發生，需要找出解決方案。有一次，汽油滲進飲水裡，我們只好喝汽油水，否則別無他法。等到有新水源，我們就換成乾淨的水，就這麼簡單。

我們每天黎明即起，打包上路，一直開到天黑，然後紮營。我們還有一座擺放食物和補給品的帳篷。

我們有各自負責的事項，我和凱伊撿乾木柴，我哥哥負責生火。我母親將水、雞蛋粉、奶粉、麵粉和小蘇打粉攪拌均勻，在大鐵鍋上做出了司康給我們吃。在荒涼的沙漠中，我們居然吃到熱騰騰的現烤司康。你能想像要如何計畫才能讓這種事順利發生嗎？我長大後常常回想我母親是如何事前巨細靡遺的計畫，好讓我們吃到如此美味的食物。

我父親擁有打獵執照，一週可獵殺一隻動物給我們打打牙祭。我們獵殺鹿或珍珠雞，若食物夠多，我們會把剩下的分送給遇到的部落。我們大家都在沙漠練習過射擊，我母親是我們當中的射擊冠軍。

只要是我們需要的，我們全都帶上。我和凱伊有個水碗，讓我們早晚能夠盥洗。沙漠夜晚非常寒冷，會讓水結冰，隔天早上我們必須把冰塊敲碎來洗手洗臉。

我們都學會在溫暖舒適的家以外生存。當情況迫不得已，你就非得這麼做不可。

我們到樹叢後面上廁所，也沒有洗澡，我們一點都不介意，因為那是沙漠，沙子並不髒。我父母研究接下來旅程的路線時，我們小孩都在閱讀。我有一張我們在看書的照片，全都埋首於書頁當中。

我學到我並不需要舒適，在克難中也能照常生活。

我也從中學到日常支出絕對都能刪減；不要負債，也不用羨慕生活奢華的人——只要全力以赴、努力生存，就會有成功機會。

有一年冬天，我們雇用了一位叫做亨德利克（Hendrik）的嚮導。亨德利克睡在營火旁，他說那是最安全的地方，因為沒有動物敢靠近火堆。

可是，有天晚上，我父親點亮桌上的煤油燈以後，看到一隻獅子，就站在營地裡面。他慢慢退回帳篷，說：「溫，有獅子。把火把和獵槍拿給我。」（他所謂的火把就是手電筒。我們搬到加拿大後必須改變用詞。）

獅子緩慢走近睡在火堆旁的亨德利克，不幸的是，這隻獅子不懂規則，牠並不知道牠不該接近火堆。

我父親大喊：「亨德利克，有獅子！」

亨德利克馬上從毯子上跳起來，越過火堆大叫「Voetsek」，也就是「走開！」的意思。獅子依舊悠閒地在營地閒逛，我父親朝牠頭上開了幾槍，牠也沒有反應。營區外還有一隻母獅子在等著。我父親上了車驅趕牠們，於是兩隻獅子跑上旁邊的沙丘，一整個上午都在那裡看著我們。

我弟弟李還記得他被帶進車子裡睡覺。他是最小的，肉最香甜，我們得保護他的安全。

我父親看起來無所畏懼，就算他害怕，我們也不會知道。他的態度讓我們有安全感。

我們在那些旅途中看過許多動物和昆蟲：跳羚、角馬、蜥蜴、蟻丘、禿鷹和其他猛禽。有一次，一隻蠍子咬了我母親，我們得用止血帶，並把血吸出來。還有一次，一隻鴕鳥追著琳恩跑，我們都笑歪了。當然還有土狼，我們最怕的就是牠們！牠們很邪惡。

我記得有天早上，我和史考特沿著奧卡萬戈河（Okavango River）散步時，他獵到一隻珍珠雞要給我們飽餐一頓，珍珠雞中槍後跌入河裡，史考特要我游過去把牠抓回來。我上岸後，踩到一個會動的東西，是一隻鱷魚。我們不知道原來河裡都是鱷魚，非常嚇人，不過我還活著，最後都沒事了。

我知道我父親是真心想要找到失落之城，但他未能如願。他總共回去了十二次，其中有八次是帶著我們。我們沒找到失落之城，我一點也不失望，因為我父母也不覺得失望。我們全家因此經歷許多冒險，也度過許多歡樂時光。

你可以設定追求某個目標，但如果沒有成功，也沒關係。

我想我父親就是熱愛探索未知、學習新文化並發現新地區，他和我母親從未停止學習。他喜愛勇闖處女地，在沙漠中自己開出一條道路。他謹遵指南針定位，我們從未迷路，

8 為什麼不？ 別拒絕大好機會

我對事業有所規畫：我要念科學。我考慮過醫學、微生物學或生物化學。我父親鼓勵我找個四年畢業就能取得專業學位的科系。於是我決定念營養學。

我大三的時候，有個同學說：「我要提名你競選瓦爾皇后（Vaal Queen）。」

我問道：「那是什麼？」

我毫無概念。

他說那是選美比賽。我從來沒參加過選美，我告訴他我只會讀書，不是選美皇后。

他抱著好玩的心態幫我報名，我獲選進入比賽。我不確定是否應該參加，因為那不是我會做的事情。不過我還是答應了。為什麼不，對吧？長期來看，這一定是有意義的。

我覺得那是個我可能永遠不想憶起的可笑下午，但它卻改變了我的一生。

我很高興我去參加了那場選美，才有機會和約翰尼斯堡的一家更有規模的模特兒經紀公司合作，我壓根沒想到這成了我一輩子的第二事業。

我來到選美活動現場之前，完全不知道會有人對選美活動那麼認真。別忘了，當時我還是學生，對比賽沒有經驗，根本不知道你得花時間和金錢來為贏得后冠做好準備。其他參賽者看起來都美極了，她們顯然特地做了頭髮，臉上的妝容非常專業，泳衣也很完美。

我穿著自己原有的泳衣、自己吹整頭髮、自己化妝。我沒想到我全家都來了，通常這不是他們會參加的活動，但大家都來幫我加油。

在後台，工作人員給我們發號碼。

「我不想當一號，」抽中一號的女孩說。

我說：「讓我來好了。」我並不害怕，不是因為我有自信，而是因為我根本不在乎自己在台上表現得好不好。我要擔心學校的考試，還有一個才剛剛劈腿的男朋友，有太多事情重要多了。所有參賽者走完台步，最後，凱伊哭著說：「你是最棒的。」

我說：「最好是。」

但我贏了！我欣喜若狂。

有些女孩非常失望，因為她們指望藉由贏得比賽來拉抬她們的模特兒事業。我很開心我贏了，但我覺得這次的經驗只是為了好玩。獎品除了南非幣一百元（約一百五十加元）之外，還有約翰尼斯堡一家模特兒經紀公司的合約，以及在當地上模特兒課程的費用。

主辦單位還給我十張保齡球票。

有趣的是，我贏了比賽以後，大家都不再照相了，也沒有賽後派對，我們只得離開。於是我們全家用我得到的球票去打保齡球，度過了快樂時光。我事前想像不到能夠那麼開心，也沒料想會開始上模特兒課程，甚至拍平面廣告。約翰尼斯堡離普利托利亞只有三十英里，卻是模特兒產業界的中心。我開始開著我姊姊的車往返，並在這段時間學到了正確的模特兒技巧和專業。

接下模特兒工作和攻讀學位是毫不相干的兩回事。我的人生重心還是放在攻讀營養學，並經營營養師諮詢事業。我從不依賴模特兒工作做為收入來源，有額外收入當然很好，但我當模特兒主要是因為它很有趣、讓我躋身時尚界，而且能夠認識極有創意的人。

我的模特兒事業讓我受益無窮，當模特兒讓我擁有完全不同族群的同事和朋友，如果我一直都是營養師，只和科學家來往，就不會認識這些人。另外，當模特兒能讓我探索世界各個城市，因為選角可能在任何地方進行，拍攝工作也可能安排在落後或繁華的地方。

如今，我往往不假思索就接下工作。我答應是因為我好奇，它可能有趣、好玩或能夠改善我的處境。

如果你想做出改變，你需要說：「為什麼不？」

在當時，選美比賽似乎只是個小小的「為什麼不？」但有時這卻是面對重大人生改變的正確態度。

托絲卡在她三十七歲的時候決定要生小孩。她之前把重心放在自己的生活和事業上，生小孩一直都不是她的優先考量。但她開始覺得她生小孩的機會越來越渺茫，而她又不想為了生小孩而和某個男人定下來，她告訴我她想做試管嬰兒，自己生小孩，我們全家都支持這個想法。

當然，也有人告訴她不要獨自扶養小孩。他們說一個人養孩子太辛苦了，這不是個好選擇，這會影響她的事業，對小孩也不好。但那些人只是自己害怕。不相干的別人對你的人生怎麼想，不應該左右你的決定。當然，不管你的處境為何，生小孩都是人生的重大改變。

我記得我只說：「去做吧！我可以幫你挑選捐精者！」我還告訴她沒有男人介入要簡單多了——她至今都同意這一點。我陪她歷經所有檢查（非常多的檢查）和失望（有時傷心欲絕），過程非常艱難。托絲卡植入受精卵後得躺四天，我從紐約飛過去，那個禮拜她剛好又要搬家，於是她躺在沙發上看《白宮風雲》（*The West Wing*），我則把她的東西分類，裝進十二個大袋子，送到二手店或垃圾場。三十八歲生日那天，她發現兩個胚胎都著床，成功懷孕了。懷一胎已經不容易，何況是懷了兩胎。現在她有兩個漂亮的孩子，每天都讓我們開心（也挑戰我們）。所有做過試管嬰兒的女性都值得掌聲鼓勵。這很困難，但很值得。

托絲卡說那是她人生做過最棒的決定。她的兩個孩子讓她有了寄託，更給了她毫無保留的愛。她告訴我他們讓她用完全不同的方式看待世界——她該如何為他們讓世界變得更美好？她能夠做什麼來協助他們？她因此謙遜，也受到鼓舞。

她的工作讓情況更複雜，她得出差到世界各地拍電影，不過兩個孩子總能夠跟著媽媽一起行動，體驗新城市，也能親眼見到媽媽是如何努力工作（就像我的孩子看到我打拚一樣）。我也能幫忙照顧他們。

無論機會是大是小，一定會有人想替你回答「為什麼不？」的問題。但想想什麼才會讓你自己快樂。在人生中持續為自己打開大門；總是要去嘗試才會知道結果。

9 有計畫的女人無所畏懼

人生操之在我，努力追求幸福

我從小家裡就充滿關心和體貼。長大出社會後，才知道現實並非如此。我們兄弟姊妹常常開玩笑說，我們一直到離開家之後，才知道人性有多可怕！我本以為每個人都是好人，因而吃了不少苦頭。不幸的是，我花了好久時間才學會如何保護自己。

我上的是我家所在的普利托利亞市的大學。從小來自北美的父母在家跟我們講英文，但我想要念的營養學系只有講南非語的大學才有，所有課程、每一件事都是南非語。由於語言的障礙，我必須比別人更努力用功才能趕得上，也很不容易交到朋友。

不過，我十六歲起就有一個不很認真交往的男朋友，他的數學和科學很好，比我還好，我認識的男生當中，像他這樣的人很少。他也一直說他想要跟我結婚。

當我發現他劈腿後，我難過到食不下嚥，哭了一個禮拜。難過的心情讓我瘦了十磅（約四．五公斤），就在這個時候我參加了選美活動，又有幸獲得模特兒專業訓練和一紙合約，並進入與學校完全不同的世界。我開始到約翰尼斯堡當模特兒，而且做得很不錯。我還成了ＬＭ電台小姐，那是專門播放二十大熱門歌曲排行榜、最酷的電台。

後來我進入南非小姐決賽，我心想，如果我贏了就會輟學，因為用南非語上課實在是太累了。即使在大學的最後一年，壓力依舊不減，我沒想到用非母語來學物理化學是那麼困難。為了舒緩壓力，我只有不停的吃。吃到最後，我畢業時重達九十三公斤。還好，我並沒有成為南非小姐。

我開始面試工作，對於那些我有興趣的工作，我不是條件太好，就是條件不夠。有一次我去面試，對方認為我不適任那份工作，但介紹我到開普敦某家食品公司擔任營養專家，於是我接受了，並搬到開普敦。那時我二十一歲。

我那個沒認真交往的男友在消失一年後帶著訂婚戒指來找我。他說他還愛我，從此以後會對我好。如果我答應嫁給他，他一定會改。

我拒絕了，我也沒戴上他的戒指。

他回到普利托利亞對我父母說我答應嫁給他。他們很驚訝，因為他們根本不知道我們在交往。事實上，我們也沒有在交往。

還住在家裡的凱伊和她男友已經交往很長一段時間，兩人正準備要結婚。我父親建議我們一起辦婚禮。每個人都覺得這個想法很棒！他們策畫婚禮、印結婚請帖，並寄給賓客。賀禮陸續送達。

我透過一封電報才得知這一切。電報上寫著：「恭喜！」我這才第一次聽聞我已經訂婚了，非常震驚。電報還寫說我需要辭去工作，盡快回家，因為婚禮將在一個月內舉行。

現代人可能很難理解，但你得知道那是一九七〇年的南非，我們無法打長途電話，電話費太貴了。我們發電報或親自造訪。男人想要結婚，會直接找上女方的父親要求許可。所以對我父親來說，聽聞我同意嫁給我的前男友一點都不唐突。

唉！他的確很會挑時間，我剛好很寂寞，再加上閃到腰，疼痛上身。我變胖後完全失去自信，認為沒有男人會想跟我約會。於是我遵照電報的指示辭去工作，打包行李飛回家。

回到普利托利亞，我看到我男友根本沒改變，他還是盛氣凌人。我不知道該怎麼處置這場婚禮。我們家人之間很親密，但我們不大談自己的感覺。周遭的人都興沖沖地忙著籌辦婚禮，我姊姊琳恩正在幫我縫製結婚禮服，還特地加了許多薄紗來遮掩我的身材。再過幾個禮拜，就會有八百位賓客，有我父母的朋友、我雙胞胎妹妹的朋友、她未婚夫的朋友，還有我和他的朋友。我找不到不結婚的方法，我很清楚我註定逃不了。

我們辦了一場雙重婚禮。我只記得凱伊和她的新婚丈夫幸福洋溢。而我的新婚丈夫氣他們搶盡了一切鋒頭。

接下來的幾年我的人生悲慘無比。我並不喜歡提及這段時間，因為實在太痛苦了。我變得尖酸刻薄，我並不想要變成這樣。書寫到這一段，當晚我輾轉難眠，但我不能聲稱或假裝人生易如反掌。人生充滿艱辛，有時甚至殘酷無情。遇到了，你得設法走出來，請你一定要盡快走出來。

我一生中被男人傷害、意志消沉、多次失去自信，每次都看不到出口，但最後都能從黑暗隧道中走出來，這不是因為我特別犀利，雖然別人常這麼說我，但我不認為我是個犀利的人。我認為我夠堅強，但也有許多時候我不覺得自己堅強。振作起來需要時間，但我終究走出來了。我的遭遇和其他女人相比也許不那麼糟糕，但我把它說出來，是要讓你知道你也能脫離困境。我說出我的故事，是為了向你證明你也能找到勇氣和信心去做出改變，追求更快樂的人生。我們都值得過快樂的人生。

結婚後，我立刻發現我這個當太太的工作包辦一切。婚禮當晚我們飛到歐洲度蜜月，花的是我的積蓄。為了省錢，我們搭乘廉價航空，還住在他日內瓦的表哥家。在那個時候旅遊歐洲一天可以只花五加元，這就是我們的目標。

我得拿出所有行李，又得打包所有行李。我得做飯給他吃。我得打掃清理，而他老大爺只坐在那裡看他的《花花公子》（*Playboy*）。《花花公子》在南非是禁書，他很開心可以在歐洲大看特看。

他第一次打我是在我們度蜜月的時候。他開始動手的時候我很震驚，我想要離開，但沒有辦法，我的護照在他那裡。

返家後，我原想回娘家告狀，跟家人說：「你們說對了，他簡直禽獸不如。」但我覺得太丟臉。沒多久，我開始每天早上想吐，發現自己懷孕了。我是度蜜月第二天受孕的，雖然嫁給他明顯是個錯誤，但現在已經覆水難收了。

他殘忍得沒道理。我要生伊隆之前，他重新油漆他的飛機，而我從旁幫忙。我每次出現陣痛，動作就會慢下來。他居然說：「你不要因為陣痛動作就那麼慢。」

他拒絕載我去醫院，最後陣痛間隔只有五分鐘了。

他說：「你只不過是懶惰又虛弱。」

我到醫院以後，準備自然產，我痛得不得了。

護士對我先生說：「揉揉她的背，她會舒服一點。」

他說：「有沒有搞錯？她才應該要揉我的背。看看你們給我坐的板凳。我要走了。你可以在她要生產的前五分鐘再打電話給我。」

他就是這樣的男人。

我二十出頭的時候很忙碌。每天早上要幫我丈夫工作，給他的工程規格打字，還要做會計，我還在公寓展開小小的營養顧問事業。伊隆之後，金巴爾和托絲卡陸續出生，三年三個月之間生了三個小孩。而且，照顧小孩、打點家裡、煮飯、清潔全部由我一手包辦。

我父母讓我們在他們附近的一塊土地上蓋房子，於是我們著手進行。我有一台之前用自己積蓄買的小卡車，我把它裝滿磚頭、水泥和木材，急忙開去工地。

當時的車子還沒有安全帶，小孩就坐在我旁邊隨車晃動。我父親的建築工人幫我們蓋房子。

我記得工人在幫浴室牆壁貼磁磚時，我已經大腹便便了。

房子完成後，我們週末都會來住。

◆ ◆ ◆

我懷托絲卡的時候，我父親墜機身亡。他和凱伊的先生、我的妹夫一起飛行，兩人都未能生還。

我丈夫想知道我父親死後我能得到多少錢。

我說：「我不認為會有我們的一份，應該全都是我母親的。」

他說：「這不合理。我娶你不是為了你母親能得到全部的財產。」

同時，我母親把我父親的飛機送給我們，還用非常低廉的價錢把我們自蓋房子的那塊土地賣給我們。

他還是很氣憤，因為他想要更多。

後來，凱伊再嫁，她先生是脊椎矯正師，凱伊買下了父親的診所，地點就在她家隔壁。

但我丈夫認為她得到的比我多，因而勃然大怒。

長達兩年的時間，他不讓我見我的家人，也不讓他們來看我的孩子。每次我母親打電話來，我總是趕快說再見，然後掛電話。

他會說：「一定是男人，是男人打電話給你。」然後把我揍一頓。

那不是男人，是我媽。如果我這麼說，他一樣會揍我。

他切斷我和家裡的聯繫。那是一段生不如死的日子。

我丈夫的事業蒸蒸日上，他買了好幾輛車、一架飛機和一艘船。炫富是他唯一在乎的事情。

整段婚姻中，他多次嫌我無趣、又笨又醜。我心想：「說我無趣就算了，我有科學學士的學位，不可能有多笨吧！我多次選美得獎又當模特兒，應該不會醜到哪裡去吧！」這些話我從未說出口，如果說了，少不了又是一頓毒打。

但有時候他會說：「我知道你在想什麼」，這也成為他揍我的藉口。

我二十五歲前後，讀了一本書，書名叫做《我好你也好的溝通練習》（*I'm OK—You're OK*），它給了我力量和希望。我丈夫把書拿走，他不喜歡我讀那本書。

有時我們會請人到家裡吃飯。我每一道菜都得從頭親手做起，就連麵包也得自己烘焙。我不喜歡烹飪，但我有食譜書，我會跟著做，成品非常好吃。

他會用最下流的方式跟我說話，並在客人面前羞辱我，嚇得他們再也不敢來訪。客人下次不再出現，他就會說：「你看吧！你做菜不好吃，你這個人又無趣，所以他們不願意再來。」

我生小孩以後就不再當模特兒。就算有案子要找我接，我也沒辦法，因為我全身都是瘀青。

我們和其他三對夫妻去參加啤酒節，每個人都在喝啤酒，樂在其中，有些人甚至已經微醺。另外三位女士都很美麗，而我那天穿得保守到不行，你絕對難以想像，其他女性都精心打扮，非常出眾。

我們起身走向廁所，隔壁桌的男士們對我們吹口哨，說「嗨，美女，你們都好性感」之類的話。

我的丈夫突然對我咆哮，罵我是賤貨。他當著所有人的面打了我。

他往往理智線全斷。久了以後，他變本加厲，一開始只在家裡打我，現在更肆無忌憚，在公共場合也照打不誤。

我朋友的先生把他拉開，太太們則扶著我，帶我去我母親家。她很吃驚我在凌晨兩點敲她的窗戶，她已經兩年沒看到我。

隔天早上他也來了，乞求我母親把我送還給他。他又是哭泣，又是道歉。我母親說：「不准再動她一根寒毛，否則她隨時都會回來。」她很氣他長期對我動手，也不懂為什麼我不告訴她我悲慘的婚姻。我想我覺得丟臉，而且害怕他會傷害我家人。

他倒是聽了我母親的話，沒有再打我了。以前他會在小孩面前打我，我記得托絲卡和金巴爾分別兩歲和四歲的時候會躲在角落哭泣，而五歲的伊隆則對他的膝蓋後方揮舞小拳頭，想要阻止他。還好他在小孩夠小、可能不會記得的時候就停止對我拳腳相向。之後，我只要忍受他的語言暴力就好了。身體虐待停止後，語言虐待便更為加劇，不過，至少我不再有疼痛和瘀青了。

◆ ◆ ◆

萊蒂打電話給我問我有沒有空當模特兒。現在我身上沒有傷，可以答應了。他對此大怒，跟著我到服裝秀現場，站在柱子後面看著我工作。他在後台看到髮型師在整理我的頭髮時還想揍對方。他想要控制我的一切。

他說如果我敢提出離婚，他就會用刀片刮花我的臉，還會射穿孩子的膝蓋、留三個跛腳的孩子給我扶養，這樣我就再也不能當模特兒了。他的威脅恐怖極了，我沒有早點跟他離婚，就是因為我太害怕了。

另外我也不知道我可以脫身，我根本沒有勝算。當時南非的法律並不站在我這邊，於法我沒有離婚的理由。事實上，男人才可以訴請離婚，因為那是個大男人的社會，至少我是這麼被誤導的。

等到南非通過「無法挽回的婚姻破裂」相關法律，我說：「我終於可以離婚了。」突然間，我有機會掙脫枷鎖。

我得決定要去哪裡。我可以搬去跟我母親住，但我認為這會讓她陷入危險。我不希望他找她報復。我們早已賣掉了位於我父母度假屋隔壁的房子，然後買下位於德班附近偏僻之處的度假屋。我帶著孩子們搬到了這裡。

我很幸運還有這個選項。之前他的律師建議他把德班的房子登記在我名下。

他對律師說：「不行。她名下不能有任何財產。」

律師指出，他已經擁有一棟房子、一艘遊艇、一架飛機和六輛車子。所有東西都登記在他名下。如果出了什麼差錯，有人告他，他會失去一切。

我說：「我不在乎。用他的名字買。」

他說：「你確定你想要登記在我的名下？」

我說：「是的，你可以擁有它。」

他說：「好吧，就登記在她名下。」

度假屋登記在我的名下後，我暗自鬆了一口氣。我們付了頭期款，每個月還要繳三百加元的貸款。

老天善待我，法律修改後，我和孩子們還有地方可住，所以我才能離開。

我有自信付得起貸款，因為我還有一些積蓄。他跟我結婚時一毛錢也沒有，但他的工程師事業做得有聲有色，現在已經非常富有。他家財萬貫，而我名下的積蓄不多，但我覺得已經足夠拿來餵飽我的孩子並付貸款，至少可以撐幾個月。

我結婚後一直很怕我的丈夫，離婚後還是一直很怕他。

我在等待離婚判決時，他來到德班我住的地方，拿著一把刀在街上追殺我。

我跑進鄰居家，鄰居太太正在廚房。

她說：「快到後院去，我有幾個朋友在那裡。」

他拿著刀子追進來，說：「我要找我太太。」

她說：「你要來杯茶嗎？」

後來她說她根本嚇到想不出還能說什麼。

但不管她說了什麼都奏效了。他跌坐在地上開始哭泣，說他想要我回家。

鄰居太太嚇壞了，我也是。後來，我便去申請了禁制令。

我一心只想逃離他的魔掌，我的病人當中有兩位是律師，一位是惡毒的離婚律師，另一位是房地產律師。我選擇了房地產律師，我不想案件拖太久，我想要立刻結案。我不要他的錢，我只要我的孩子，其他什麼都不要。

上法院時我刻意打扮了一番，紅色迷你裙、白色襯衫和紅色高跟鞋，我還弄了漂亮的頭髮和化妝。我母親看到我，說：「去把妝洗掉，把頭髮綁起來，找件妳妹妹的舊衣服和平底鞋來穿。」

於是我換上一件鬆垮的碎花洋裝，素顏走進法院。

法官對我微笑，跟我開玩笑。

他說：「你老公真的想跟你離婚嗎？」

我不能扯謊說他想離婚。他並不想，但他簽了字。

我除了三個孩子以外，其他什麼都不要求，但法官判決他要給我所得的百分之五來支付小孩的學費、醫療和牙醫費用，但他未曾付出半毛錢。法官判他要給我一台四門的汽車來載小孩。他有五台豪華房車和我的小卡車，但他卻找了最便宜的車，一輛車窗是手搖式、又沒有冷氣的豐田可樂娜（Toyota Corolla）。後來他主動提出要給我捷豹（Jaguar）或賓士（Mercedes），但條件是他得每個月來檢驗一次。

這根本就是另一種控制我的方式，所以我選擇了豐田。它已經夠用了，能載我到我需要去的地方，而且與他不相干。

我很開心有一台屬於我的車。

我立刻開始執業。營養學在南非很受重視，德班的醫生們很樂意轉介病人給我。我也開始接模特兒的工作。

為了付房屋貸款，我的手頭一直很緊。孩子們有學校制服可穿，而制服比一般衣服便宜。我不給自己買好衣服，其實我根本就不怎麼買衣服，就算有，也都是二手衣。

頭幾年，每個月小孩會到他那裡過一個週末，我打包他們這兩天要穿的衣服，但每次他把他們送回來時，都沒有帶回衣服或行李袋。我得一再幫他們買新衣服，這令我很苦惱，因為我買不起。

一切都是故意安排的。他常常說我最後一定會回到他身邊，因為我太窮困，養不起孩子。接下來的十年，他一直在跟我打孩子監護權的官司，花掉了我所有積蓄，但至少我不用二十四小時都在他面前忍氣吞聲。即使那些訴訟、準備工作，和失去孩子的恐懼令我膽戰心驚，但還是要比隨時生活在害怕中好多了。

我從未走回頭路。不管有多麼辛苦，你都得撐過去。你必須走出來，這麼做絕對值得。

如果你活在另一人帶給你的恐懼或害怕之中，你必須訂計畫掙脫現狀。若你處於一段不快樂的關係，趕快竭盡一切離開。我等太久了，一心指望別人會改變，或情況會改變。但除非我主動去改變，否則改變永遠不會發生。

你斬斷一段關係時，將會先苦後甘。你可能會覺得非常寂寞，但一定要忍耐。寂寞時不妨去找朋友、打電話給家人、找份新工作、去看電影、搬到另一個城市。

完備的計畫需要考量財務和生活安排等問題。你可能需要向朋友或專家尋求協助。壓力來自各個層面，財務、社交等等，但我發現之前因為我的丈夫而躲著我的朋友都紛紛出現，伸出援手，有些夫妻甚至要提供金錢上的幫助，不過我從未接受。

◆ ◆ ◆

你的計畫不需要展望五年。如果你每次都想太遠，就會更難跨出第一步。最重要的是先趕快掙脫。不要關注遙遠的未來，先思索下一步。

當你覺悟到是該離開的時候，此時最重要的是，不要對之後會發生什麼事感到不知所措。計畫第一步以後，再一步一步來。

現在回想我每次陷入的困境，才驚覺其實我可以早點掙脫。當你覺悟眼前的壞處境不會改變時，你就要決定走出來。越快越好。

如果你在感情中不快樂，分手會有什麼損失？如果你改變不了另一半，就沒有理由餘生繼續忍受不快樂。

我離婚後非常寂寞，尤其是孩子們到他們父親家過週末或度假的時候。他帶他們去奧地利滑雪，或是去香港和紐約旅遊。我不願剝奪孩子們的這些經驗。他總是會邀請我一起去，我也喜歡到新國度旅遊，但我忘不了跟他旅行有多麼可怕。他總是讓樂趣變掃興。

寂寞勝過活在感情的恐懼中。不快樂更糟糕。我絕不會因為寂寞就想重回我不快樂的婚姻。手頭拮据要比每天被家暴好太多了。我不要為了洋房、華服、汽車、飛機、遊艇和農場而每天生活在悲慘當中。

因此我們常常住在狹小的公寓，因此我和孩子們吃了很多花生醬三明治，因此我們喝了很多豆子湯，那又怎樣？

我之所以說出我的故事，是因為如果你正身處黑暗困境，我要你知道你可以脫身。我要你知道，如果另一半一直傷害你，你想要活命就一定要離開。我在暴力婚姻中忍耐了九年，等到我一離開，馬上覺得撥雲見日，充滿希望。

無論情況顯得多麼絕望，一定會有出路的。

10 扭轉乾坤

處理你的問題

我結婚後，體重起起伏伏。我蜜月時就懷孕，孕吐很厲害，而且持續一整天。一開始我體重直線下降，然後又暴增。每懷一個小孩，體重就大起大落。還好三個孩子都很健康，我希望他們繼續保持，所以自己動手做飯，盡力讓他們吃得健康。

那幾年是我人生最艱苦的時候，我的孩子是上天的恩賜，但我的婚姻卻是一大錯誤。我離婚後帶著三個小孩住在德班，我得負起照顧全家的責任。我必須維持理想的體重才能繼續接模特兒的工作，賺取額外收入來養孩子。我使出渾身解數，發揮我對營養學的所知，肚子餓時才進食，而且只吃營養的食物：穀片、牛奶、蔬菜、水果、花生醬全麥三明治、豆子湯、魚罐頭，有時會吃雞肉。反正我無法花太多錢在食物上，而健康食物並不需要太貴。

我在德班盡可能多參加社交活動，但我家人對於我之後交的幾個男朋友都不滿意。凱伊說我是垃圾吸鐵，她說的沒錯。有天晚上我認識了一位很喜歡我的男人，我們開始交往。他覺得我看起來胖，希望我減肥。我並不胖，但為了取悅他我還是努力減肥。要變得那麼瘦壓力真的很大，動輒得咎。

他要我嫁給他，但我斷然拒絕，因為他劈腿。他還是安排了一場驚喜求婚派對，我想我總是吸引同一類的男人。他已經著手蓋新房，有足夠的房間給我們和三個孩子住，還有一間獨立的辦公室和接待室讓我執業。每次我要把戒指退還給他，他就威脅要自殺。於是我開始每天吃三份甜點、企圖把他嚇跑。我的體重急速上升。

我很喜歡吃油炸、油膩又高糖的食物，但我是因為不快樂和壓力才會一直吃這類食物。我又重回九十三公斤了。復胖只需幾個月，但讓我的尺碼降到健康的八號卻花了將近十年的時間。當然那時候我並不知道。

我需要思考下一步——訂定新計畫。我遲遲無法規畫，還好最後有個朋友拯救了我。她的建議很簡單，她要我每天花半小時回憶快樂時光，她說這能夠幫助我決定接下來該怎麼做。

我從來沒有冥想或坐下來只思考事情。但我朋友說我必須這麼做。我覺得很彆扭，但

我與摯友茱莉亞・佩芮在巴黎（2019 年）

我在南非布隆方丹市完成營養師實習的畢業照（1983 年）

我的母親與父親（1955 年於澳洲）

媽媽、妹妹凱伊，還有弟弟李（1955 年在喀拉哈里沙漠）

我們家五個手足：史考特、凱伊、我、李，以及琳恩（1956 年也是在喀拉哈里沙漠）

我和我三個可愛的孩子：伊隆、金巴爾、托絲卡（1976 年）

我讀大三時，抱著好玩的心態參加了一場選美比賽

1976 年我們在南非普利托利亞時，伊隆、金巴爾、托絲卡分別是五歲、四歲、二歲

托絲卡在我的營養諮詢辦公室幫忙，當時我們還在約翰尼斯堡（1986 年）

伊隆正專注於手裡的遊戲（1982 年）

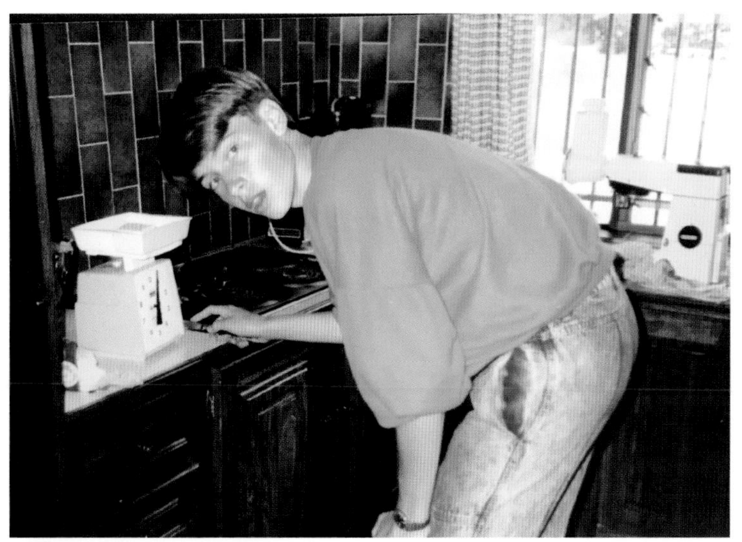

金巴爾在廚房裡玩烹飪（1989 年）

托絲卡正在練習彈鋼琴（1988 年）

慶祝伊隆十八歲生日（1989 年於加拿大薩斯喀徹溫省瓦爾德克市）

托絲卡身著金色禮服，以法語演出法國文化協會的一個歌劇表演節目（1987 年）

我和伊隆到紐約，我們在洛克斐勒中心坐下來，討論我的一部書稿（1995 年）

在兒子們聯合創辦 Zip2 的慶功會上（1996 年）

我和孫子 Grayson 在巴塞隆納散步（2014 年）

我和愛狗戴爾雷（2015 年）

開懷大笑的我們這家人（2019 年）

我還是靜坐了三十分鐘，但腦中一片空白。我的意思是，什麼都不想，只努力回憶起我快樂的時候。我很難過，我無法想起我有什麼時候是快樂的。我心想：「高中生活很快樂」，但我又不打算回高中念書。然後我又發現我幾次最快樂的時光出現在大學時代，儘管當時念南非語的壓力很大，但好處是，現在我的南非話進步非常多！

於是我決定到布隆方丹進行營養師實習。我放棄了一切，毅然決然搬家，帶著我年幼的三個小孩，離開了德班可愛的家，搬到這個位於南非中部、人人都說南非語的小鎮。

我真的太難過了，只能告訴自己：「搬家是值得的。」

帶著幼子的離婚媽媽在小鎮上是不會有社交生活的，反正我也完全埋首於學術當中。我和孩子們住在醫生住宅區，三個孩子睡臥室，我睡客廳兼廚房。這一切都很值得，因為我們到那裡以後，我很開心能遠離所有悲傷。在新的地方不會一直想起以往的痛苦，這改變了一切。

我自願傳授模特兒技巧和形象建立的專業，來為營養學計畫募集獎學金。事情進行得很順利，來上課的學生甚至要我辦一間模特兒學校。新學校非常成功，教授的小孩、同事、朋友和媒體都支持我。我籌辦時尚走秀、講演營養和自信議題，並且樂在其中。我甚至繼續留下來攻讀碩士學位。我用這種方式建立起自尊心，真是太棒了！

人生真美好。我晚上教書，這也成了我的社交生活。這是個大學城，沒有人會用我的體重評斷我，我因而更感放鬆。我甚至結交了幾位比我還年輕的可愛男人。

我想要幫助我訓練的模特兒發展事業，因此我到約翰尼斯堡的頂尖模特兒經紀公司，G3，展示她們的照片。

我遇到的經紀人是蓋娜．貝克（Gaenor Becker），她對於我訓練的這些模特兒都沒有興趣。她抬頭打量我，說：「你來當模特兒如何？」

我說：「不，不，我已經不當模特兒了。」

那幾個月我已經減了約有十公斤，但我想的不是自己的模特兒事業。

蓋娜說，大尺碼模特兒是業界新類別，她鼓勵我接下這份工作，因為我有經驗。

我一樣問自己：「為什麼不？」

我的大尺碼模特兒事業的第一個案子，是飛到約翰尼斯堡拍電視廣告。我是全南非唯一一位大尺碼模特兒，因此很快就工作滿檔，我一面完成科學碩士學位，一面趕赴全國各地進行平面拍攝和伸展台走秀。業界需要大尺碼模特兒和年長模特兒，我兩個都是。

同時，我和蓋娜成了好朋友。我搬到約翰尼斯堡後，蓋娜對我說：「我認識一個非常可怕的男人，他姓馬斯克。」

我說：「那一定是我前夫。」

她說：「他娶了我朋友，婚禮剛結束就把她踢出家門。」

我說：「那一定是他。」

幾年以後，她說：「你想要認識蘇．馬斯克嗎？」

我說：「好啊！」

蘇是個名模，是非常美麗的女人，比我酷多了。我們一起去參加雞尾酒派對，她向別人介紹我，說：「這是梅伊．馬斯克。她和我前夫結婚十年，而我只和他結婚十分鐘。」我們捧腹大笑。別人聽不懂這笑話，但我們不在乎。我們就這樣繼續笑著。

我在約翰尼斯堡繼續從事營養學工作，我的營養師事業大幅擴張，我開始舉辦健康飲食講座。這時的我體格壯碩，我會用幽默掩蓋我的感受。我試著開自己玩笑，以便顯得有自信——但我並不覺得有自信，而且我穿寬鬆的衣服來掩蓋身材。但我的客戶還是來找我，獲得我的鼓勵。我覺得自己像個騙子，因為我做的事情和我告訴客戶的背道而馳。我擁有營養資訊，但卻不應用在自己身上。

我四十一歲的時候膽固醇過高，膝蓋和背部都會痛。這很嚇人，因為我還有三個孩子要養，我得保持健康。我很懷念以前體態良好的時候。

於是我開始聽從自己的建議：餓的時候才吃、只吃健康食物、絕不多吃。當我認真執行自己的建議後，體重跟著下降，這一次，我維持了三十多年。

我想讓你知道我每天都要在體重上下工夫，這並不容易。

我不是天生苗條的人，想要保持身材，則一刻都不得鬆懈，每天如此。我規畫我的每一餐，並確保一定吃得到健康食物。如果我吃不夠，就會體力不濟。如果我讓自己餓肚子，就會狂吃眼前任何食物。如果我吃不健康的食物，就會覺得身心遲鈍、疲憊腫脹。即使我擔任營養師已長達四十年，我還是會受美食誘惑，並對此困擾不已。但大多數的時候我都能一再選對食物，讓我吃得健康，因為我一心想要感覺美好。

美麗的照片看不出過程中的艱辛——我曾兩度胖了近三十公斤又減回來。我非常清楚如果我多吃，我的體重就會增加，直到我不再多吃才會停止。我真心以為它到某個程度就會維持不變，但卻沒有。減重得費盡工夫，一直都是如此。

◆ ◆ ◆

找到治療心情不好的特效藥很簡單，我的方法就是狂吃。但這會為你帶來麻煩，可能會讓你心情更不好。如果你想好過一些，就必須扭轉乾坤，做出真正的改變。無論是像學習冥想這種小改變，還是像搬到新城市重新來過這種大改變，你都必須訂定計畫。

11 職業母親

以身作則

我二十三歲生伊隆，這在一九七一年是婦女當上媽媽的平均年齡。假性陣痛持續了整整三天，白天陣痛，晚上又消失。生產過程非常艱辛，因為他頭好壯壯，重達八磅八盎司（約四千克）。我堅持不用止痛藥自然生產；至今我還能感覺到那份疼痛。

等他出生後，我欣喜若狂，一切痛楚全都被我拋在腦後。他是個可愛的小天使，很難相信世界上會有那麼美麗的小東西。他躺在我旁邊，我的視線離不開他。

這是發生在我身上最美好的事情。

他胃口很好，我餵母奶餵了三個月。他很愛哭，他三個月大的時候，我開始餵他溫牛奶兌溫開水。等到他四個月的時候，就可以喝全牛奶了。五個月大開始吃嬰兒麥粉，然後是水果泥、蔬菜泥和跟我一樣的正餐。伊隆很喜歡吃。

幾乎是在我停餵母奶的時候，我又懷了金巴爾，他出生時我二十四歲。金巴爾是個修長、纖瘦的小傢伙，比他哥哥還要重四分之一磅（約一百一十三克）。他很好帶，我也是一樣餵他母奶三個月，後來他母奶喝不飽，我就像對伊隆一樣，改餵他用溫水稀釋的牛奶。我一向告誡護士要等嬰兒六個月大才開始餵副食品，但我兩個兒子太壯碩，我只得提早開始。

我停餵母奶不過幾個月，又懷孕了。我二十五歲生了女兒，托絲卡的體重比金巴爾少半磅（約二百三十克）。生女兒讓我非常驚喜和快樂。

我雙手各抱著老二和老三，老大則走在我旁邊。他們很難搞、可愛的難搞。

我在三年三個月內生了三個小孩，去婦產科回診時，醫生幫我裝了避孕器，因為我的身體需要休息。他也看到了我身上的瘀青。

我三十一歲時成了單親媽媽，我的優先任務就是照顧好三個孩子。我父母是職業父母，我也是職業母親，不一樣的是，我只有一個人。我的孩子依舊是我人生最重要的部分。

我母親從來不因為全職工作而有罪惡感。我也不因為全職工作而感到內疚，因為我沒有選擇。我工作才能不讓我們流落街頭，餵飽全家肚子，並且有衣服可穿。我的孩子必須對他們自己負責，也得體諒我的工作，因為我得把家裡臥室改成辦公室。你沒有必要感到內疚，如果不工作，你就會怨天尤人，對小孩也不會有好臉色。若想維持和顏悅色，你得訂定計畫，看是要兼職還是全職，以及是否要請人幫忙。你可以安排工作時間，由你送你孩子和鄰居的孩子上學，而鄰居負責接他們放學。你下班以前也許需要把小孩送去安親班，但你回到家會感到快樂又充實。我就是這麼做的。

孩子小的時候，我就在家裡為客戶做營養諮詢。接模特兒工作時，會有保母來照顧他們。有時得帶著他們，我走秀時，他們就坐在前排看書。

我父親的脊椎矯正診所總是開在住家隔壁，而我母親為他工作，我和我的雙胞胎妹妹從八歲開始也在為他工作。我父親付我們時薪五分錢幫他郵寄月報，其實我們就算是免費也會幫他做事。他把公報內容念給我母親，由我母親速記、打字。

我們負責刻鋼板和複印，然後，我們姊妹倆會坐在地上，把公報摺成三摺、放入信封，並貼上郵票。每個月都要寄出一千份。當時我太小，還不懂什麼是行銷工具，但我們在做的事情就是了。我也把這些經驗用在我的營養師事業上。

我和凱伊十二歲的時候，開始在我父親的診所當櫃台小姐。早上六點四十五分到七點半，下午四點到六點，我們兩姊妹輪流上班。我們負責幫病人報到、泡茶、印X光片、並且在我父親準備好看診之前陪他們聊天。

人們看待我們就像能被信任的大人。

我父母對於我們兄弟姊妹的生活和教養子女的方式影響深遠。我父親是科學家，也負責經營診所事業，我成了科學家和創業家，我哥哥史考特也追隨他的腳步。而我弟弟李在南非創辦商學院，並在加拿大一所大型技術學院擔任系主任和副校長。我媽媽創辦舞蹈學校，而我的姊妹凱伊和琳恩也各自經營舞蹈學校。

我三個孩子從小就在我的營養諮詢辦公室幫忙。托絲卡會待在我辦公室，用文字處理機打致醫生信函。她會先打上每位醫生的姓名、地址、問候語和病人姓名，我再填上諮詢內容和可能結果。伊隆會教我使用文字處理機的所有功能，我一點都不意外！金巴爾也幫我做了很多事情。

我們住在布隆方丹的時候，我讓托絲卡到我經營的模特兒與形象學校上班。她教學生如何走路、為服裝秀編舞、並負責禮儀課程。她擔任我所有演出的服裝人員。當時她只有八歲。

我能說什麼呢？我需要幫手。

我教養孩子的方式一如我父母教養我們：要獨立、和善、誠實、體貼和有禮貌、認真工作並做善事。我不把他們當小孩子，也不會斥責他們。我從來不告訴他們要念什麼，他們可以告訴我他們的念書狀況，不說也行。我不檢查他們的功課；那是他們自己的責任。這顯然沒有傷害到他們的事業發展。我認為我們兄弟姊妹獲益良多，而我的孩子也因從小負責而受惠。

他們長大後，繼續自己做決定，為自己的未來負責。托絲卡自己選擇要念哪一所高中。三個孩子選擇大學、申請獎學金和助學貸款全都自己來。我甚至連他們人都沒見到。父母不需要保護孩子不去接觸責任的現實。我的孩子從小看我努力工作才能保住家園、三餐溫飽，並買二手衣來穿，他們受益匪淺。要讓孩子了解生活的困苦，才會更加珍惜現在的餘裕。

他們上大學時的生活條件很差，床墊放地板上、六人分租一屋，或屋況破舊，但他們都甘之如飴。

如果你的孩子沒有過慣奢侈生活，則他們就能生存得很好。你不需要寵溺他們，只要確認孩子安全，就讓他們自己照顧自己。

由於我工作繁忙，他們有自由偶爾放肆調皮，我想我至今都只略知一二（我喜歡認為自己的確有嚴格要求他們要負責，但他們會說我心腸很軟）。

如果我的約會對象抽煙，孩子會設法讓我知道他們不喜歡他，因為我們家也嚴格禁煙。他們會把小小的鞭炮塞進他香煙裡，香煙點燃後，就「砰」的一聲！他們爆笑不止。我也覺得很好笑。只有他沒有笑。孩子們並未受到懲罰。

並非我不管教他們，如果他們調皮沒規矩，我會懲罰他們，不准他們看電視，或者必須待在房間。後來他們告訴我，他們被罰待在房間時，會偷偷從後面溜出來，用家裡那台老舊的ＶＨＳ錄影機錄下他們最喜歡的電視節目，才不過錯過他們最喜歡的《天龍特攻隊》（*The A-Team*）或《馬蓋先》（*MacGyver*）。我在辦公室，根本沒發現。

他們會說，這是有個職業母親的另一個好處。

12 十二的魔法

若孩子展露興趣，鼓勵他們

人們問我是怎麼教出那麼成功的孩子，我的回答是讓他們追尋自己的興趣。我愛我的孩子，對他們的一切成就引以為傲。我的老大伊隆製造環保電動汽車與發射火箭。老二金巴爾開了一家「農場到餐桌」(farm-to-table）餐廳、並教導全國資源不足的學童在校園開墾水果與蔬菜花園。我的老么托絲卡經營自己的娛樂公司，從暢銷小說取材、製作並拍攝愛情電影。他們各自有不同的興趣。

這讓我想起我們兄弟姊妹；我們都各有不同的發展。我父母很樂於支持我們不同的興趣。同樣的，我的孩子很小的時候就展露他們的興趣，而且至今都還保持一樣的興趣，並樂此不疲。

當他們需要的時候，我就會鼓勵他們、幫助他們。他們想聽我的建議，我就會提供。我的答案都很簡短，不過為了寫這本書我會盡量加長一點，哈哈！

金巴爾在他的ＩＧ上說得很有道理：「我母親@MayeMusk是我這輩子的指引明燈。她除了在七十歲當上封面女郎之外，還取得兩個營養學科學碩士，並且熱衷於＃天然食物。她一直是我的靈感泉源。我非常感激她支持@綠拇指（BigGreen）計畫，教育下一代了解種植和吃天然食物的力量。謝謝你，老媽！」

我的三個孩子在十二歲時就發展出日後成為終身職志的興趣。

伊隆小時候，我注意到他什麼都讀、來者不拒。我也愛讀書，但每次一讀完就把內容忘光光。而伊隆卻記得他讀過的所有內容，他隨時都在吸收資訊。我們暱稱伊隆為百科全書，因為他讀過《大英百科全書》（*Encyclopedia Britannica*）和《科里爾百科全書》（*Colliers Encyclopedia*），並且全都記得。因此我們也叫他天才男孩。什麼事都可以問他。別忘了，當時網際網路還沒發明，我想現在我們可以叫他網路男孩。

他十二歲得到第一台電腦。當時是一九八三年，電腦還是非常非常新的玩意兒。他學會如何使用，還寫出一套電腦程式，一個叫做「爆破星」（BLASTAR）的遊戲，我拿給模特兒學校裡的幾個大學生看，他們很驚訝伊隆居然知道所有程式編碼捷徑。這些學生都是計算機科學系二年級或三年級生，他們都驚為天人。

我要他把它提交給一本電腦雜誌。

他把「爆破星」寄給《PC雜誌》（PC *Magazine*），對方寄來南非幣五百元（相當於五百加元）。我不認為他們知道他只有十二歲。他十三歲的時候作品獲得發表。當時我並不知道他未來會朝哪一方面發展。

金巴爾小的時候就很喜歡食物。他十二歲時開始負責掌廚，為全家煮飯。他希望食物美味，就算得親自動手，他也願意。他非常喜歡跟我去超市買菜，我記得帶他去超市的時候，他會挑選青椒，拿起來聞一聞。我會說：「你這是學誰啊？」我一點都不覺得烹飪有什麼樂趣，我都餵他們健康食物，不過都是很簡單的東西：花生醬三明治、豆子和紅蘿蔔。

金巴爾會選購那些我們從沒看過的新蔬菜回家烹煮。他會買當日捕獲的鮮魚，然後加入番茄、檸檬和洋蔥來烤。他無師自通，特別擅長烹飪蔬菜，這正好，因為蔬菜比較便宜。他做什麼都很好吃，比我淡然無味的烹調好太多了。

我們搬到多倫多後，他教伊隆做螃蟹白醬麵疙瘩，讓他每次交女朋友都可以炫耀手藝。

金巴爾最近告訴我，他覺得不管他選擇做什麼，我都一直支持他，這讓我覺得很窩心。他轉換跑道的次數並不少！他大學讀商，成了網路創業家，然後又到紐約的法國烹飪學苑（French Culinary Institute）學做菜。我會在晚上十一點他輪班結束時，到學校餐廳找他一起吃晚餐。後來他搬到波德市（Boulder）頂下一間店鋪開了「廚房」(The Kitchen）餐廳時，我還幫他把烤箱和冰箱刷得閃閃發光。只可惜後來它們都被換掉了！算了……

金巴爾命運多舛。他陪孩子們滑雪胎時出了意外，頸部骨折，讓他有很多時間思考他的人生究竟想要做什麼。開餐廳是他的愛好，所以他到中美洲開了一家從農場到餐桌概念餐廳，並展開非營利的「綠拇指」計畫，在資源不足的學校開墾學習花園。他還創辦了一家叫做「平方根」(Square Roots）的公司，教導青年創業家來當都市農夫，在停車場用搬運箱來蓋花園。

如今回想他十二歲的興趣，一切都是有跡可循的。

托絲卡十二歲念七年級的時候，她的戲劇老師決定不再負責戲劇社，於是托絲卡就毅然接手。

我女兒天生就有名伶相，從小就熱愛戲劇、舞蹈、表演和音樂，而且一直都很喜歡電影。

在約翰尼斯堡的時候，我們每個禮拜五都會一起坐在沙發上，看愛情電影配冰淇淋（當時我還不像現在會注意飲食）。每個表演藝術社團她都參加，所以我完全理解她現在的事業，她是個導演，自己拍電影，把愛情小說轉拍成電影，由她創辦的愛飛公司（Passionflix）出品。

我總是很期待盛裝出席她的首映會，與她一起走紅毯。

父母總是對子女操煩，我做營養諮詢時看過這樣的例子，父親或母親藉由吃東西舒壓，因為他們為了讓小孩進入好學校或大學，有一大堆表格要填。我告訴他們，讓小孩自己準備申請大學或應徵工作的文件，他們應該為自己的未來負責。如果他們想要創業，你也覺得不錯，就全力支持他們。教小孩懂禮貌就好，但讓他們決定自己要什麼。

我並未料想到未來會有特斯拉、太空探索技術（SpaceX）、廚房餐廳、綠拇指計畫，或愛飛電影公司。但現在我看到伊隆在科技上的成就、金巴爾在食物界的創舉，以及托絲卡在電影上的努力：這些熱情全都在孩提時代就已經根深柢固。

13 重新來過

放手讓人生更有趣

重新來過並不容易，尤其是如果得搬到異地。

我長大後住過九個城市，每次搬家後的第一年都很寂寞，第二年交了幾個朋友，但到了第三年我已經有許多我很喜歡的朋友，我只得接受重新來過這件事真的很難。但主要原因是我自己開業，辦公室裡沒有其他同事可以聊天。所以我會找其他營養師來聯誼，有些人就這樣成為朋友，有些至今還是朋友。

當你到新地方重新開始，你必須踏出家門。你不能一直坐在家裡咀嚼寂寞，指望你的社交生活和事業會自動發展。你必須出去交朋友，建立人脈。你得開始廣結善緣，因為這樣你才會有工作機會，才會結識朋友和伴侶。你知道，在找到王子之前得先親吻好多隻青蛙。到了新地方，出去社交感覺很像工作，因為事實就是如此。

隻身參加社交活動並不容易，壓力很大。沒人認識你，其他人都彼此飛吻、擁抱，而你只能站在那裡。你不能打擾他們的朋友圈和小團體；感覺一定很尷尬。如果你運氣夠好，則會遇到好心的人過來跟你打招呼。我有時會給自己一個小時的時間等待別人過來攀談，然後就會離開。我很少會一開始就從派對上閃人。

這是我三十一歲剛離婚時的心得。朋友跟我說：「每天都出去，這是你搬到新地方開始認識朋友的唯一方法。」我照辦，但常常覺得自己格格不入。

後來我發現，其實每個人都會有這種感覺。有時連名人都感到寂寞。我在布隆方丹經營模特兒學校時，當局請我帶著學生到機場為環球小姐接機。她一個人站在那裡，我保持禮貌，不想走去打擾她。

我在一個人也不認識的派對上也是這種感覺，要一直等到有人可憐我、來跟我說話為止。我心想：「我知道那種感覺。」

於是我走過去，說：「嗨！我是模特兒學校的校長。歡迎妳的蒞臨。」

她說：「謝謝妳過來跟我說話！一個人站在這裡真恐怖！」

所以要記得：就連環球小姐也會在派對上感到尷尬。

◆ ◆ ◆

取得碩士學位後，我從布隆方丹搬回約翰尼斯堡，住得離家人近一點。我得盡快建立起我的營養師業務。

如果你的工作性質是每天都和許多同儕共事，則他們都可以成為你的朋友。我建立人脈不是為了發展事業，我結識同業是為了更了解業界狀況，並且分享我個人開業的成功。我希望有更多營養師能夠自己開業，破除坊間那些常見減肥菜單的錯誤觀念。然而，我這些同業太好心，紛紛介紹會議主講、演講者和媒體宣傳的機會給我，還轉介諮詢病人給我。與其枯坐著等待電話響起，不如積極建立人脈，才能成功擴展事業。

除了接受邀請之外，我的策略是加入每個可能的社團組織。我加入營養師公會，獲得當地所有營養師的名單。如果你能進入組織裡的委員會，則你有機會常常見到相同的人，與他們深交。我開始邀請所有自己開業或有意開業的營養師一起聚會，提供創業成功的建議，並讓大家有交流的機會。我因此能夠認識更多人，而他們也能認識彼此。我的同業都很高興我這麼做。

在那段期間，我建立起一份相當完整的客戶名單，兩年後，我每天都有二十位客戶上門！

◆ ◆ ◆

然後，發生了不可置信的慘劇：我的電話不通了。我位於自家辦公室的電話線受損，當時是八〇年代，南非並不製造這種東西，零件得花上六個月的時間才能從歐洲送達。

電話是我預約諮詢的方式，除非我的客戶親自前往或寫信，否則這也是他們與我聯絡的唯一管道。更糟糕的是，沒有訊息顯示我的電話故障，如果人們打電話來，只會聽到電話忙線中！我得訂定計畫才能度過這個難關。我以為我有辦法了，我買了一台呼叫器，並寫信給我所有的客戶和合作醫生，讓他們知道有事可以呼叫我，我會找台電話回電。

這項計畫沒有用，三個禮拜過去，我每天只有一位客戶。

我幾近崩潰，眼看收入持續減少，不知道該怎麼辦。

後來我參加和同業早已安排好的定期會議，他們告訴我他們一直打電話給我，但我的電話都占線。我絕望大哭。接著，美好的事情發生了，他們告訴我，我已經幫助他們兩年，現在該他們幫助我了。他們轉介給我六份兼職諮詢工作——養老院、私人診所、嬰兒飲食研究、寫作、教書和在超市提供營養建議。每一份工作一週都有四到八小時的時數，而且完全不需要電話聯絡。我很開心又有工作可做，而且還能探索以前不曾接觸的新營養領域。

等到我的電話線終於修復，我的諮詢業務量又回升，而且比以前更忙！營養諮詢成為新收入形式，能助長我其他的營養事業。有時候，最佳計畫就是接受他人幫助。

有位同業還提供了就業資訊給我的孩子，也很有幫助。我們剛搬到多倫多的時候，伊隆需要找工作。我參加營養師聚會時，提到我兒子需要工作。有位營養師的先生在微軟（Microsoft）公司上班。

「我兒子很擅長電腦，」我告訴她。做媽媽的都會說這樣讚美小孩的話，但這一次，他們很驚訝地發現我講的是實話。

在我的事業生涯中，一直努力協助別人成功，沒想到有時我也需要他們的支持。對別人好不要希冀回報；要發自內心，才能讓別人真正受惠。

多年來我透過工作交到許多好朋友，我今年七十一歲了，繼續從營養諮詢和模特兒工作認識許多很棒的朋友。

現在我參加活動，看到有人落單，就會走過去邀他和我們一起聊天。如果你也在聚會場合看到有人孤單一人，不妨過去跟他或她聊一聊。你以為你會碰釘子，其實不會。你很有可能會因此認識不錯的人。

14 若有必要，搬到國外

冒險一試，反正隨時都能搬回來

人生不可預料且充滿驚喜。有時你只需要冒險一試，做出重大改變。

我四十一歲的時候，在約翰尼斯堡有成功的事業和舒適的房子。我終於有了安全感。伊隆想要搬到加拿大，他覺得北美才適合追求他對電腦的興趣。他請我申請恢復國籍，讓他們三個孩子都能有加拿大國籍。

托絲卡也想跟哥哥一起搬去，因為她覺得這會很好玩。托絲卡十三歲的時候，就要求去法國文化協會（Alliance Française）學法文，以防有一天會搬到加拿大。她對法文課很有興趣，因為她知道法語是加拿大的第二官方語言。

我也去上課。之前我在學校修過法文，所以上的是進階課程。法國文化協會的每一班都得提出一個表演節目，我們班決定：「我們需要一位歌劇名伶。」但沒有人有這方面的才華。

於是我說：「我女兒可以！」

他們說：「但她在初級班，還不會講法文。」

我說：「我們會想出辦法的。」

我們借了一套金色禮服和一頂假髮，她用法語演出。雖然年紀還很小，她卻勇敢接下挑戰，表現非常出色。

沒有人認出是她！有人表示不公平，說我們找專業歌手來代打。後來他們發現那是十三歲的托絲卡，全都大吃一驚。

她還是很擔心自己的法文不夠道地，在南非，如果南非語考試不及格，就會留級。她相信我們應該搬到加拿大，也認為到時候法語還講不好，她就會全科不及格。

我們花了好久的時間才準備好。我們收到護照才三個禮拜，伊隆就啟程去加拿大。當時他十七歲。

我給他幾個地址和兩千加元的旅行支票，這筆錢是我用二十年前贏得選美比賽的南非幣一百元投資而來。朋友告訴我拿獎金去買股票，一九六九年股市跌到低點、且南非幣一百元縮水為十元的時候，我用伊隆的名字開戶，把這筆錢存進去以慶祝他出生，然後就完全把它給忘了。等到一九八九年，我發現這個帳戶，裡面已經有兩千加元了，夠他在新國家用幾個禮拜。

我寫信給在加拿大的親戚，告訴他們伊隆要過去，不過，他本人要比這封信還早到達。當時，信件得花六個星期才會寄到。

他抵達蒙特婁以後，打電話給我叔叔，但電話沒人接。於是他打對方付費電話給我，說：「現在我該怎麼辦？」

我要他先找家基督教青年會（YMCA），然後再到多倫多找另一個叔叔，結果對方也不在。於是他搭公車到薩斯喀徹溫省找我的表親。

他直接出現在他們門口，說：「嗨，我是梅伊的兒子。」他一直到十八歲都還待在那裡。

托絲卡要滿十五歲的時候對我說：「也許我該去找伊隆，去看看他在做什麼。」但當時我已經申請到開普敦大學的博士班了。

她說：「如果我們現在不搬家，我就自己去加拿大，伊隆會照顧我。」

我覺得她根本就在胡說八道，但我同意我先去了解狀況。我沒有搬家的意願，但伊隆已經在那裡了，金巴爾也說他高中畢業後想要過去，再加上托絲卡心意已決，我當然不能讓他們兩個自己搬過去。至少，我可以先過去看看。

我找到兩位營養師願意在我離開的時候接手我的客戶。他們還住在我家照顧托絲卡。於是我到加拿大查看發展機會，和伊隆一起造訪五個省份的多家大學。每一間大學都願意收我，唯一的例外是蒙特婁，因為他們說我的法文不夠好，無法做研究。

我很中意多倫多大學，因為他們願意付薪水讓我擔任高級研究員，每週工作十個小時，而且我還能兼顧我的諮詢事業、學業和模特兒工作。多倫多是加拿大的模特兒產業重鎮。而且我算是大學職員，子女的學費可以全免。

我拜訪了五大城市裡的所有模特兒經紀公司，我已經四十出頭，不確定會不會被接受。但每家公司都願意用我，他們認為年紀稍長的模特兒也有機會。

三個禮拜之後我回到約翰尼斯堡，發現托絲卡已經賣掉我的房子、我的家具和我的車子。這個身高一百五十六公分的十五歲孩子一點也不在乎自己還小，不被准許私自賣掉所有家當。家裡所有東西都沒了，我的車子也是。

我所要做的只是簽名，所有交易就完成。幾週後我們就離開了南非，並規畫讓金巴爾念完高中後再來找我們。

很多人問我，托絲卡擅自賣掉房子、車子和家具，我怎麼沒有發飆。這個嘛，她有她的道理。我們已經討論過要搬到加拿大，她只不過想要讓事情進行得更快一點。如果家人有好點子，就算是巨大改變，還是放手去做吧！

多倫多充滿機會，搬過去對我們全家都好。我在約翰尼斯堡爬到事業高峰，生活愉快，但我的孩子們想到美國發展，加拿大是個跳板。我們知道一開始會很艱難，但我們證明了自己，長遠來看，這麼做是有利的。

而短期的意外收穫則是我再也不用害怕我的前夫，終於完全脫離受困長達二十年的地獄。能無憂無懼地生活真是美好。即使你不確定搬家是否對自己和家人有利，你隨時都能搬回來。而我從不曾回頭。

該是向前邁進的時候了，放手一搏，給自己三年時間努力安頓下來。如果生活沒有改善，你也很不快樂，則大可回到前一個處境。

15 善行善舉

心存感激

你擔心許多不會發生的事，但可怕的事還是會不預期地發生。不要企圖揣測不幸，你可以計畫、可以準備，但你永遠無法事先確定會發生什麼事。托絲卡一直很擔心會因為法文不夠好而留級，所以我們先去學法文，但等到我們搬到多倫多以後，才發現那裡根本沒人講法文。

不過還是有很多事情出了差錯。我們盡力了。很多人都對我們很好，有些是朋友、有些只是善良的陌生人。

我們離開南非之前，朋友告訴我們多倫多有人可以出租一間附家具的公寓，能讓我們住上幾個月，我可以在南非先付錢，很幸運一開始就有人幫忙，否則南非政府會在我離開後凍結我的資金，不准我提超過兩千加元的額度，所以我需要先付租金。

我和托絲卡搬進多倫多那間公寓，臥室只有一間，我和托絲卡睡臥室床上、伊隆睡客廳沙發上。那時是十二月，多倫多非常寒冷，我們帶來的衣服比較像是在邁阿密穿的，根本無法抵擋酷寒嚴冬。來之前還得先跟我媽和妹妹借大衣，那些都是二、三十年前的款式了。

我們要學的很多，我對市區不熟，每次出門都被搞得暈頭轉向。我買不起車，所以一定得搭地鐵和公車。我只知道搭地鐵和公車一定得使用暱稱「盧尼」的加幣一元銅板。頭幾個禮拜，我隨身帶著一大袋沉重的一元硬幣付錢坐公車、然後付錢坐地鐵、再付錢坐公車，因為我得前往各個不同的地方試鏡，還得四處找出租公寓。

有一天，我在公車上聽到幾名觀光客向司機索取轉乘券，他們拿著轉乘券去坐地鐵。我說：「有轉乘券這種東西？」

學會這件事真好，我接了幾個模特兒案子，但地點分布在各地。現在，我可以用一張轉乘券前往同一方向的各個地方。不用再攜帶沉重的硬幣，真讓我鬆了一口氣，也省了我很多錢。

◆ ◆ ◆

四十二歲的我急於在多倫多展開事業，但我得先成為登記有案的註冊營養師（RD），也就是說，我必須通過加拿大的考試。同一時間，我還得通過多倫多大學五門大學部課程的考試，來證明我有資格上研究所。註冊前，我得和那些才二十幾歲、剛畢業的大學生一起應考。還好我終於能首度用英文答題，真是得心應手！

考試那天我有個電視廣告要拍，以我的財務狀況，我非常需要接這份工作。營養學系有位老師一片好意，自願讓我在改天下午補考時監考。

在營養師同業會議上，有同事提到她實在無暇兼顧某大學一週兩晚的兒童營養教育課，因此轉介這份教職給我。該校願意承認我在南非的科學碩士學位，而且不要求我得先成為有執照的營養師。突然間，我又多了一份工作。

同時，我還是繼續擔任模特兒。我總是能看出來誰是模特兒，因為他們都高䠷纖瘦，提著一個大袋子。我們自己整理妝髮，到哪都帶著自己的鞋子、配件、假髮和髮片，和我以前走時裝秀的時候很不一樣。

我的模特兒經驗豐富，但我只有在南非當模特兒的經驗。

我在多倫多的第一次排練，是當新娘的母親。

製作人說：「你怎麼穿涼鞋？你需要水管和幫浦。」

我不懂她的意思。

我說：「我又不是消防隊員，什麼水管？什麼幫浦？」

當然，英文字的水管又有絲襪的意思，幫浦也指高跟鞋。我怎麼會知道？搬到新國家就會遇到這樣的新字彙。

她打電話給我的經紀公司抱怨。我需要工作，而廠商嫌我不專業，我急得眼淚都要流出來。有位模特兒聽到製作人的抱怨，過來對我說：「多倫多市區有家店，一雙鞋只賣十九加元。」

於是我買了一雙銀色鞋子和一雙金色鞋子，之後每場服裝秀都穿這兩雙，直到我手頭比較寬裕一點。感謝那位模特兒的善舉。

時值隆冬，我搭機飛往多倫多時行李遺失了，裡面有我所有的衣服和學歷證明。而另一個裝滿托絲卡的絨毛玩具的行李卻準時抵達。

在我的行李被找到之前，我只得穿伊隆和托絲卡的衣服，因為我沒錢買新衣服。我得向人解釋為什麼我穿得那麼奇怪。

我逢人就說：「不好意思，我的行李不見了。」

我每個月租一次車開到機場、到航空公司櫃台詢問我的行李。每一次他們都說：「很抱歉，我們不知道它在哪裡。」

幾個月後，我跟一位在多倫多認識的男士解釋我為什麼奇裝異服。

他說：「什麼意思，你說他們找不到你的行李？我帶你去機場。」於是他開車載我，這真是太好了，我省掉一次租車費。他並不知道我很窮困。

我們來到航空公司辦公室，他走進去，說：「我是她的律師，你們得找到她的行李。」

他們說：「是的，先生。」

他其實是個會計師，我捧腹大笑，無法置信。

隔天航空公司打電話來，說：「我們在墨西哥市找到行李了。」三天後，我便收到我的兩個大行李箱。其中一個箱子稍微受損，還有一件毛衣不見了。但我的學歷證明全都還在！

感謝一位不是律師的男士好心幫忙。

有次我接了一個在密西沙加（Mississauga）的模特兒工作，離多倫多四十分鐘的車程——如果有車的話。我起床後，發現外頭在下雪。唉！如果一定得工作，就算狂風暴雪，也得設法前往。我把我的鞋子裝在大袋子裡就出發了。我得搭兩趟公車、轉兩趟地鐵、再搭兩趟公車、然後在三呎厚的積雪中走四百碼才能到工作室。

我看不到人行道，只看到路燈和馬路，就假定人行道是介於兩者之間，但我什麼都看不到，我是唯一的行人，在三呎積雪中跋涉前行。我總共花了兩個小時才到達工作室。

我走進去，他們說：「謝謝你在這種天氣還願意開車過來。」

我說：「不，我搭公車。」他們全都驚呆了。

後來我們順利完成拍攝，之後，我又踏入厚厚積雪準備上路。遠方，在馬路盡頭，我看到一台公車停下來。我繼續向前走，走到公車旁邊的時候，司機打開車門。

我問：「你陷在雪裡了嗎？」

他說：「不是，我看到你在走路，所以我在等你。你走路的原因只會因為要搭公車，不會有其他原因。」

我是車上唯一的乘客。謝謝那位公車司機的善舉。

我發現感謝陌生人的善行能讓你快樂。我直到提筆撰寫本書才發現有那麼多人曾經對我好。然後你就會謹記在心。和善熱心的人們讓生活變得簡單，他們會幫助你度過不適、悲傷與困境。他們不要求任何回報。那些都是好人，而且為數不少。對人生中遇到的各種善行善舉心存感激。身處困境時，大可尋求家人、朋友、甚至陌生人的幫助。平時對陌生人也要伸出援手。

16 職場女性

越努力、越幸運

我父親的座右銘是「越努力工作就越幸運」。人們會說我父親的成功是因為運氣好，也常有人這樣說我，但他們錯了。我的家人和朋友都親眼目睹我的努力和奮鬥，並要我在書裡與讀者分享。這些遭遇都看不出我哪裡幸運。當我出現在時代廣場看板或六十九歲當上封面女郎代言人時，看起來好像是鴻運當頭。的確是！但你必須要勤奮努力，才能創造出屬於自己的運氣。

我們搬到多倫多時只准帶一點現金，我之前在約翰尼斯堡吃苦耐勞，好不容易生活無虞，但出國時我的資金被凍結，只得重新來過。

我的會計師每個月可以寄一小筆錢給我們有學生身分的人，而我們四個人都在念書，得到的錢足夠支付菜錢。我一週做十小時研究員的工作，薪水能支付我們那低收入補貼的房租。我立刻展開模特兒事業，這項收入就用來應付剩下的開銷。

我必須馬上開始上班，忙到沒時間幫托絲卡找學校。

她自己搜集了一大堆學校介紹，選定了鄰近的學校，就學的事情總算解決了。但她回家後，發現在家無所事事，因此到附近的漢堡店要求打工。

他們說：「你想要工作幾天？」

她說：「哦，我每天都可以上班。」

他們說：「依法你一週只能工作六天。」

然後他們問她一天想工作幾個小時，她說每天十二個小時。他們說依法一天只能工作八小時。這是她第一次幫人工作也能學到法律規定。

於是她立刻開始全天上班，等到開學後，上班時間便改成放學以後。

她在漢堡店負責拖地、收垃圾和洗廁所，這都是她以前從未做過的事情。以前她在南非挑的是家裡最好的房間、依她要求而特別設計成她專屬的臥室，還有一整面牆的衣櫃，如今她身處一個迥異的世界。

現在她和我擠一個房間，還在速食店掃廁所。

但她將之視為冒險。她對自己說：「這是最適合我的工作」，她認真去做，從不抱怨。

她一整個月都吃漢堡加薯條，這也是不可多得的經驗，因為她在南非從未吃過速食。她的清潔工作只做了一個月，就升任為得來速副理。

後來托絲卡在離家更近的地方找到新工作，這次是一家高級超市，她的薪水幾乎倍增。這對她來說是一堂寶貴的經濟學課，她永遠不會忘記。

現在她是個厲害的談判者。她公平對待她的每一位員工，她最看重有工作道德且工時長的人。

在多倫多生活並不容易，但我們學得很快。我當模特兒，但因為沒有信用評級，所以申請不到信用卡。每次遞件申請都被拒絕。因此我們得持續靠手上現金過活。只要領到模特兒的薪水，就表示我們有餘力買其他東西，像是保暖大衣和鞋子，或是床單和被褥等等。

不管我跑了多少家銀行，我沒有信用紀錄就是無法申請信用卡；沒有信用卡，我就不能在加拿大累積我的信用紀錄。如果我沒有信用紀錄，就無法租車、租辦公室。沒有一家銀行願意通融。

有人告訴我，百貨公司的規定比較寬鬆，我可以嘗試申請百貨公司聯名卡，以便開始累積信用。

於是我來到伊頓（Eaton's）百貨，這是一家大型的複合百貨公司。

他們拒絕我。

他們解釋說，他們無法確定我是否能準時付帳單。不過，辦公室桌子後方的牆上掛了一幅母親節的海報，我就是上面的模特兒。我指給他們看。

他們很高興，說：「我們會給你一張信用卡。」

這真是個美好的機緣巧合。然後我記起那天來伊頓百貨拍攝的情形：我特別向大學請假、搭乘地鐵又轉公車來到工作室。真是太值得了。

我得天獨厚，有一對好父母給我良好的教育，之後我靠自己繼續深造，竭力在三個國家的八個城市建立起事業版圖。至於模特兒事業，我遺傳到美麗母親的外表和英俊父親的高䠷身材，所以我很幸運。模特兒工作讓我有額外收入，而且到現在我七十一歲，這份收入已經非常優渥。我可以說這是運氣，只不過我在模特兒界辛苦耕耘了五十年，至今依舊非常努力地維持我的健康和體重——每分、每時、每天都不敢懈怠。這不是運氣，這是實實在在的努力。

如果你沒有好出身，則需要找到自己的才能，然後苦心經營。透過社群媒體和周遭親友，把你的才能分享給全世界知道。我會說你得忘記你的出身。有句俗諺說：「年滿二十一，就不再是孤兒。」意思是，你得對你的人生負起全責。你越努力工作，幸運就越容易找上你。

17 勇於爭取

堅持就會成功

我從小就教導我的孩子，想要什麼，就開口爭取。

托絲卡十一歲時，我帶她去看美國歌手蘿拉·布蘭妮根（Laura Branigan）的演唱會，她是忠實歌迷。我認識演唱會場地的攝影師，入場券是他給我們的，因為我們買不起。他還送給托絲卡一張蘿拉在台上唱歌的照片。

隔天，我們在餐廳吃飯，想都沒想到蘿拉本人就坐在我們附近，她正在吃午餐。托絲卡想要找她簽名，但又很害怕。她一直說：「我沒有辦法走過去請她簽名。」

我說：「噯，如果你不開口問她，就等於被拒絕。但如果你去問她，還有機會聽到她說好。所以，你的答案是被拒絕，或可能答應。」

托絲卡想了一下，說：「好吧。」

她走過去提出要求。

一開始蘿拉說：「等一下！你怎麼會有這張照片？」她自己從來沒看過。托絲卡告訴她是攝影師給的。於是蘿拉在照片上簽了名。托絲卡眉開眼笑，這是一大成功，她永遠不會忘記。

托絲卡為她的愛飛公司尋找投資人時，金巴爾說：「如果他們持續跟你會面，就表示他們還有興趣。」最後她發現金巴爾說對了。

如果他們斬釘截鐵拒絕，你就另覓他人。

但如果他們沒有說不，你得繼續努力，直到對方首肯為止。

我每次搬到新城市，都得重新建立我的營養諮詢事業。在南非比較簡單，醫生們都樂見我在他們診所附近開業，並立刻轉介病人給我，我以為加拿大的醫生會更熱心。但事實並非如此。

如果你想要病人，就得開口要。我先是寫信給多倫多的醫生，告訴他們我可以幫助他們的病人。我發現醫生們多半沒機會看這些信，因為它們大都送到行政主管手上。不過，寄出一百封總會收到幾個回覆。

我寄出第一批信函後，還以為我的電話壞了，因為沒人打電話給我。我開始主動打到這些醫生的辦公室。多數行政主管都會說醫生不想見我。我覺得我如果繼續打給其他人，應該可以約到二十位醫生。結果我真的達標了。我謹遵我自己的建議：這世上沒有保證答應這種事，但如果你連問都不問，則絕對是保證拒絕。

我坐在等待室，有時得等上一個小時，才能見到約見的醫生。我請醫生介紹那些有糖尿病前期、高膽固醇或高血壓的病人給我。我知道如果我能讓他們改善飲食習慣，則他們的血液數值能在三個月內獲得改善，也因此能避免服藥的副作用。

這些醫生們不大願意介紹病人來我這裡。他們會說：「保險不給付營養諮詢；而減肥藥則在給付範圍內。」

或者他們會說：「病人不會聽你的。」

我知道如果我有機會見到病人，他們會聽我的。如果能介紹幾位病人過來，我能讓他們看到效果。有了良好的飲食習慣，你就會有更多精力，保持最佳狀態，不過這需要時間和毅力。這是我營養諮詢的基本原則。最後有四位醫生轉介幾位病人來試試看。

實際成效不會在一夕之間發生。若有高血糖的病人來向我諮詢，三個月後，如果他貫徹他的飲食計畫，應該可以減掉約九公斤，血糖指數會回到正常，患糖尿病的風險也大大降低。

一旦病人的結果顯著改善並引起醫生注意後，我的辦公室就會開始門庭若市。大約六個月後，我的預約便滿到每天從早上七點半到傍晚七點半。我需要利用週末假日處理文書作業、寄出病人報告以及附有我業務介紹小冊子的宣傳信函。我開始接觸報紙、雜誌和電視台請他們報導，這並不容易，他們都沒興趣，我依舊沒沒無聞。

為了提高知名度，我一面參加營養師同業會議，一面也開發演講的機會。一樣的，這也是一段漫長的路程，我講一場，就在現場發小冊子給各家企業。再講一場，又再發出更多小冊子。到最後，我演講的場次越來越多，還為食品產業擔任顧問。沒多久我便成為安大略省營養師協會會長，然後又成為加拿大營養諮詢師協會主席。現在媒體常常找我，問我對於某個新聞有何評論，或請教我關於營養專業的問題。

一九九四年，也就是我搬到多倫多四年以後，我在加拿大營養諮詢師協會發表演講。觀眾席裡有位出版社主管。

會後她對我說：「我想請你寫一本書！」

這些好事都是因為我堅持不懈才會發生。

有些女人個性害羞、或缺乏自信、或害怕被拒絕，因此不想開口爭取她們想要的。男人似乎沒有這個問題，即使是可憎又無能的男人，也會認為自己很優秀、值得擁有更好的工作、加薪、更多福利、有窗戶的角落辦公室。這種情況我們看太多了。

我記得曾遇過一位剛被炒魷魚的女性，我問她打算去哪找工作，她說命運自有安排。我說主動寄發履歷應該會比較好。如果你寄出二十封求職信還找不到工作，歡迎來到我的世界。

要謹記，堅持不懈有時會有用，但並非次次如此——如果你已開口要求還是被拒絕，就接受現實，繼續前進。但如果你有所求，就得繼續爭取。

18 感覺精彩

別垂頭喪氣

我的三個小孩全都離家去上大學，他們一心一意就想這麼做。我在多倫多大學上班，要是我的子女選擇念醫學系或法律系，學費就可以全免，而且住在家裡也不用額外付房租和三餐。然而他們全都想要自力更生。伊隆選擇物理學和商學、金巴爾念商、而托絲卡攻讀電影。他們得自己申請補助和貸款，並自己賺生活費，三人都做到了。我很高興他們選擇獨立，闖出自己的道路。也許他們喝膩了我的豆子湯。

人們說我會有空巢症候群，因為孩子就是我生活的全部。這也不無道理，我很多客戶都在孩子離家後陷入憂鬱，所以我以為這也會發生在我身上，結果完全沒有！我熱愛一個人的生活。看起來，別人的問題你不見得會有。我記得有位九十歲的長者說過：「你擔心的事情有百分之九十五都不會發生。」

等到托絲卡離家的時候，我說：「我不敢相信我自由了！」

二十年來我第一次獨居，現在我大可在晚上運動、不用擔心家裡有沒有食物，還可以裸體走來走去！我試過一次以後，還是喜歡穿上T恤。後來出版社請我寫書，我全心埋首書寫，每晚寫五個小時、週末寫十二個小時。我花了三個月的時間完成初稿。

我等不及要把它與我的孩子們分享。

我每個月去看他們一次。我一個月存下兩千加元，用這筆錢買機票和任何他們需要的支出。我會找最便宜的機票，並搭巴士到機場，因為我付不起機場接駁車的費用。有時我能買到一百五十加元的機票，剩下來的錢就花在他們身上，包括他們需要的食物、衣服、家具等任何事物。

我到華頓商學院去看伊隆。我說：「你想做什麼？」

伊隆說：「我們去紐約。」

於是我們搭火車到紐約，四處走走、遊覽。我們到洛克斐勒中心坐下來，我給他看我的書稿。內容全都是卡路里、代謝、必要營養素——很棒的資訊。

伊隆讀了沒多久，他說：「這很無聊。」

我說：「什麼意思？」

他說：「你為什麼每天看二十五個客戶？他們想要知道什麼？」

我說：「這個嘛，他們向我尋求營養建議。」

「那麼你這本書就該寫這些，」他說。

即使他當時還年輕，就已經展露智慧。所以我聽了他的建議，從那時候起，我每次跟客戶見面時，都會告訴他們我在寫書，詢問能否記下諮詢內容，但我不會提到他們的姓名。他們對於書的內容有許多想法！除了飲食計畫之外，他們還要我在書裡談論形象和自尊，因為他們來見我的時候，我都會告訴他們要改變髮型、穿著、抬頭挺胸，並且常微笑。

我把這些內容全都寫進書裡，然後再拿給我的孩子們看，得到的回應比較熱烈一點了。他們每個人都幫了忙，金巴爾幫我從頭到尾編輯了五次，托絲卡說她編輯了六次。我記得我母親還會大聲朗讀內容看看是否順暢。我很幸運有這些家人在通往成功的路上互相幫忙。

出版商收到稿子後，把書名定為《感覺精彩》（*Feel Fantastic*），因為這正是他們讀了這本書之後的感覺。他們還說想用我的照片當封面。他們支付攝影費，我找來熟識的攝影師，並請茱莉亞幫我做造型。我穿上一襲紅色寬鬆的套裝，這是我買過最貴的一套衣服。不過，這筆錢花得很值得，因為我每次演講時都穿它，那個年代還沒有社群媒體，沒有人會發現我每場演講都穿一樣的衣服。

我的事業終於發展起來，演講預約不斷增加，也有助於這本書的銷售。有一場演講地點是在家樂氏（Kellogg's）總公司，我把健康飲食的主題和自尊結合，因為當你精力充沛、吃得營養時，便能感覺良好、更有自信。該演講是一大突破，家樂氏公司找上我的出版商，說要把我的書封印在Special K穀片包裝盒上，以呼應公司提升女性自尊的活動。

我是第一位著作印在早餐穀片盒子上的營養師，而且封面就是我的照片！感覺棒極了！凱伊到超市看到我的穀片包裝占據一整個貨架，興奮得不得了。她告訴經過的陌生人，「那是我的雙胞胎姊姊！」對方似乎不覺得有什麼了不起，反而拔腿就跑。凱伊把這件事告訴我，我倆大笑不止。

◆　◆　◆

到了這個時候，我對於我的事業、子女的學業和我的書都非常有信心。我一直都租房子，四十六歲這年，我覺得我已經準備好迎接新挑戰：買房子。該是時候了。

我有一點積蓄，多倫多的辦公室旁有一間漂亮精緻的兩層樓房要出售，當時在加拿大買房子只需要付百分之五的頭期款，那棟房子售價二十萬加元，我銀行裡有一萬加元，這是我頭一次擁有個人積蓄。

我來到位於精品購物中心的銀行，完成貸款申請。我心想，讓銀行經理看到我在那裡當模特兒的工作成果也許有幫助。他們知道我有工作，我很篤定他們會批准我的申請。兩個禮拜過去，還是沒消息。我跑去銀行，說：「你們早就應該告訴我申請結果了。」

經理很為難地說：「你被拒絕了。」

他們說我五年以來的收入不夠高，而且我是我諮詢事業的唯一擁有人，這對償付貸款來說是極高的風險。

我感到意外又洩氣，我一直是該銀行紀錄良好的客戶，他們眼看我在旗下的購物中心當模特兒，居然會被拒絕。不過，我得趕回去上班，沒時間沉浸在失望的情緒中。這只不過意味著我的計畫得延後，我得更努力存錢來證明自己。

◆ ◆ ◆

在此同時，金巴爾在多倫多工作，每天都用我辦公室的電話與伊隆通話，等到電話帳單高達八百加元的時候，我要他考慮乾脆到加州帕羅奧圖市去找伊隆。於是他搬到矽谷，在網路業蓬勃發展的當頭，兄弟倆創辦了他們的第一家科技公司，叫做Zip2，專門提供地圖和點到點路線，並且和全球各大報紙合作，讓服務上線。這是全新的構想，我也覺得這些都是能讓生活更便利的好點子。我想要做些什麼來表示支持。在他們的新公司草創期間，我每六個禮拜就去看他們一次，帶給他們食物、衣服、家具，還支付他們的列印費用。他們在美國還無法申請信用卡，所以我讓他們繼續用我的加拿大信用卡。

兄弟倆即將燒光資金，需要現金才得以為繼。還好我的一萬加元存款還在銀行，我把這筆錢給他們，因為我看好他們。

在他們要與創業投資人見面的前一晚，我和金巴爾到影印店印出彩色簡報，是我付的錢，因為影印費很貴，一張就要一塊錢。

隔天早上我們都累壞了，因為我們徹夜未眠。當然，只有伊隆還是精神抖擻，因為他從來就不睡覺。他一向習慣熬夜寫程式。幾個月以來，他們已經向無數創業投資人做過簡報，那天早上現身的兩位創業投資人是首位願意提供資金的，我們全都開心得不得了。

那天晚上，我說：「我們要去市區最高級的餐廳。」

我們走進一間很棒的高檔餐廳，三個人都看起來疲憊邋遢，但我們還是獲得了很好的服務。我們不知道他們為什麼對我們那麼好，我甚至不知道我吃進嘴巴的是什麼食物。長久以來，我們吃的都是「盒子裡的傑克」(Jack in the Box)這類速食——只要是快速、便宜、凌晨兩點還營業就好。金巴爾告訴我他至今還記得他們的雞肉捲是什麼味道。

餐後送上帳單，我付了錢，說：「這是你們最後一次看到我的信用卡。」

真的是如此。

總而言之，我學到絕不能整天沉浸於愁苦沮喪，如果你感到灰心，就往不同的方向前進。如果你被甩或求職被拒，把它忘了，繼續向前。如果你申請房貸被拒絕，那就繼續工作提升你的信用評級。這些事情全都被我一再遇上，我婚姻和愛情都不成功，爭取工作也屢屢不順利，我多次搬到別的城市與別的國家，可見我的人生有多麼偏離常軌。

在感情上，我被男人拋棄會難過六個月，然後變成三個月、然後三個星期、然後三天。我真希望我以前沒那麼沒出息。自甘墮落會讓你乏味討人厭，別人都不想靠近你。當我的營養諮詢客戶哭喪著臉走進來時，我會告訴他們要抬頭挺胸，面帶笑容。我不讓他們影響我的心情。他們往往會破涕為笑，感謝我的建議。有時我急需當模特兒的收入、而幾乎到手的鴨子居然飛了，沒接到案子曾讓我非常害怕，如今卻習以為常，甚至會自我安慰我有多餘的時間陪我的愛狗，我在家的時候牠總是很開心。年長的好處是，當你遭遇失望時，你已經有豐富的經驗了。你能更快恢復平靜。

我的忠告是，盡可能保持樂觀。時間會治療一切。設法比我更快走出沮喪，也許可以養隻狗。

19 勇往直前

重新來過是最佳選擇

每個人都有屬於自己的遷徙理由，搬家一定要有好理由，因為搬家很辛苦。

我母親從木斯久搬到里賈納去創業，中途還去了紐約和芝加哥這些大城市學跳舞。我父親離開從小生長的農場，成為脊椎矯正師，並搬到里賈納而認識我母親。我們搬到南非時，他因為美麗的紫色藍花楹而選擇安頓在普利托利亞。

而我最初幾次搬遷都是為了我的學業或事業。之後，則是因為我覺得我必須離開，或為了脫離困境。再後來則是為了離我的孩子近一點，或尋求我能感到快樂的地方。我搬家後總是不安分，喜歡到處探索，了解新城市、新國家、新文化。我的雙胞胎妹妹總說我閒不下來。我的孩子搬遷，則是為了機會、學業，以及自組家庭。我搬到他們附近，又與他們分隔遙遠兩地，最後再度搬到他們附近。

我成年後住過三個國家、九個城市。搬家很難，搬到新國家尤其艱巨。當加拿大修法、讓我的子女能擁有我的加國國籍時，他們都想搬到北美，我花了好幾個月的時間準備文件表格、排隊討論表格內容、坐在等待室尋求建議、提交一頁又一頁的文件，然後又準備了更多文件。等到我終於恢復我的加拿大國籍時，才被告知因為我在加拿大出生，根本不需要這些文件。

在多倫多的時候，我搬過兩次家；在紐約則搬過三次。我事前計畫，只帶值得帶走的物品。我以前會帶上許多研究期刊，它們又多又重，運費很貴。還好現在有網路了，我只需要帶著筆記型電腦就夠了，所有的研究工作都在線上。搬家必須有條不紊，不過還是有機會丟掉許多垃圾——實體和心理的垃圾。

雖然我在多倫多快樂又成功，但孩子們想要我住得近一點。我壓根沒想過要搬家，我認為我可以永遠待在多倫多，我一直這樣計畫著，但此時也許是訂定新計畫的時候了。

搬到美國比以往所有搬遷更困難。我父親在明尼亞波利斯出生，所以我跑了一趟美國駐多倫多辦事處，詢問我是否能搬到美國。排在我前面的兩百多人也都有意移民美國，這讓我等了好幾個小時。然後他們給我許多需要填寫的文件，我還得找到文件證明。我花了六個月的時間才把所有文件蒐集齊全，送到辦事處，然後又在現場等了半天才被告知我無法擁有美國國籍，因為我父親在我出生之前就已經搬到加拿大。所以這扇門關上了，我改而申請非移民工作（H1B）簽證，又花了好幾個月。

我四十八歲的時候，得自修準備美國營養師執照考試，才能在美國執業。這意味著我必須額外進修生物化學，但我得放棄全世界其他各地使用的公制，換用英制度量衡單位：盎司和磅、英尺和英寸。你無法相信同時學習兩種制度有多困難，但我到世界各地演講時卻非常受用。

當時我有嚴重的坐骨神經痛，無法外出參加社交活動，但我可以忍痛工作，念書時就平躺著。從這個角度來看，這倒是個額外好處。令人驚喜的是，我居然考過了，於是我賣掉在多倫多的事業，搬到山景城（Mountain View）和兩個兒子一起住。

但我抵達後，才發現那裡既沒有山，也沒有景，更看不到兒子們，因為他們夜以繼日地打拚。金巴爾甚至不記得我曾搬去和他與伊隆住了三個禮拜，這也不能怪他，因為他們總是在工作。

我說：「我需要找點事情做。我需要搬到大一點的城市。我需要搬到舊金山。」

◆ ◆ ◆

我的預算很緊，因為我還沒開始工作，賣掉多倫多事業得到的錢用不了太久。

我借了金巴爾的車開到舊金山找公寓。我在美國還沒有信用紀錄，所以我特別穿上套裝以顯得有地位，帶著一張銀行擔保支票就去排隊等候租屋。結果並不成功。最後，我找到一位仲介，他介紹我一間位於諾布山（Nob Hill）的附家具一房公寓，而且我可以刷我加拿大的信用卡。這間公寓很適合我，因為我的家當不多，主要都是營養學期刊和書籍。來訪的朋友看到這間公寓居然如此老舊感到非常驚訝，他們說這不像我會喜歡的風格，但我一點都不在意，因為我撿到了便宜。它最棒的地方就是樓下是圖書館，我可以把那裡當成我的辦公室。

一樣的，我又開始寫信給醫生，說服他們讓我為他們的病人提供諮詢。我到舊金山各地演講，因為我是新人，需要露面，所以即使有些演講沒有報酬，我也無所謂。免費的演講往往規畫不佳，觀眾也很少，但我不在意，因為有時會因此拉到一位客戶。我學到人們付你越多錢，你得到的待遇就越好。

每次我演講的時候，會印出節目表用來做宣傳。我會把它寄給所有營養師組織與協會，讓他們知道可以找我，但很少有人因此注意到我。

花了那麼多時間，事業還是不見起色，眼看錢就快用完了。三個月後，我付不起房租，急得掉淚。

我打電話給兩個兒子，金巴爾說這是他第一次聽到我崩潰大哭。

他們說：「我們可以幫你付房租。」

我對此感到不悅，但他們堅持，還說反正他們一直在工作，根本沒時間花錢。

我開始尋找我付得起的便宜住處，唯一符合條件的房子位於田德隆（Tenderloin）區邊界，那是個治安不佳的地區。骯髒、陰暗、難聞的走道，但我付得起。我的孩子與我幾個姪子過來幫我搬家，朋友開著小貨車載來同事賣給我的床。我們把我稀少的物品搬到這間套房。還好，我的東西不多。

另一位營養師把她在三家健身房的業務讓給我，因為這些地方離她有九十分鐘的車程，為了幾位客戶就得開那麼久的車實在不划算。這筆收入足夠讓我在舊金山再待久一點。

在這前一年我五十歲生日的時候，孩子們送我一間迷你木造房屋和木頭玩具車，說總有一天他們會買真的給我。當時我只覺得可愛。等到我兩個兒子賣掉Zip2公司後，他們告訴我該是尋覓我想要買的房子和車子的時候了。

我和托絲卡在舊金山找了一陣子，但她希望我搬去洛杉磯，因為她住在那裡。我們也去洛杉磯看房子。那時有人邀我去紐約演講營養師創業祕訣，我抵達後大為驚喜。在紐約，人們走路快、講話快、思考快，而且言出必行。我心想：「這些人和我同一類。」

我告訴兒子女兒，「我要搬到紐約。」

孩子們說：「你怎麼能出爾反爾？」

我說：「我需要一點刺激。」

我對紐約不熟，尋找租屋期間，我暫時睡在某個客戶事業夥伴家的沙發。

他們說：「你要住在上東城。」

我說：「我不能住市區嗎？」

他們說：「不行，沒有人住在四十二街以下。」

一樣的，沒有人願意租房子給我，因為我沒有信用紀錄。我自願用現金先付清頭一年的租金。

他們說：「只有毒梟和妓女會這麼做。」

有人建議我以一月一租的方式，先住在願意收我加拿大信用卡的附家具公寓。最後，我找到一間我買得起的物件，它位於二十二街公園和百老匯大道之間的十樓，是建於二戰之前的公寓。它有許多大面窗戶，窗外景觀是三十座水塔。大家都說這間公寓很酷。

我以為我一輩子都會想要待在紐約，當你身在此處，就會覺得這是世界的中心。但後來我也和其他人一樣，與人合作出了問題，我很傷心，紐約也失去了它的魅力。

女兒的雙胞胎出生時，我到洛杉磯幫忙。她不願意我再回紐約，於是我賣掉了公寓，把植物和廚房用品全部送人，一些物品放入倉庫，一些家具送給家人。我在托絲卡家住了八個月，然後自己買了一間公寓。那是很棒的決定，我很開心能和洛杉磯的兩個孩子及七個孫子女住得那麼近，不過，我還是常常旅行。

即使每次搬家能累積經驗，但它還是很困難的事情。我每次搬家都會事先計畫，把不值得搬走的送人、賣掉大型物品、把東西放進倉庫。這是個艱辛的過程。搬家後的頭幾年總是很辛苦、很寂寞，你常常都覺得身心迷惘。我自己開業，即使是搬到同一城市，我都得讓每位客戶知道我的新地址，不過，我個人認為搬家很值得。基本上搬家要能夠改善現狀，否則我不建議輕舉妄動。如果你認為情況會因此好轉，那就值得嘗試。

你需要有搬家的理由，也許是探索更好的機會、離開艱難處境，或僅僅為了冒險一試。這也許會是你做過最棒的事情。

20 擺脫個人包袱

挑戰極限

人生中常會遇到被要求去做讓自己感到不安的事情，例如，公開演講。許多人都對此感到恐懼，這是人之常情。你也許必須在會議上站起來做介紹、向客戶簡報，或說服一群投資人你的事業很值得。

我演講時一向能自信地侃侃而談；這不是問題。在營養學界，我對於自己的專業知識感到安心自如，因為我持續進修，每五年就得考七十五種各自為期一小時的考試來維持我的專業資格，每天也會研讀最新研究報告。

在模特兒界，我是商業模特兒——我的模特兒工作包括型錄、航空公司、旅館、牙齒、頭髮和化妝品廣告——我也感到安心自如。

◆ ◆ ◆

來講講讓我不安的事情吧：

我初來乍到一個城市，滿屋子的陌生人總讓我不安。這個問題我已經克服了。

然後，我六十歲時，在模特兒事業遇到了讓我很不自在的情況：兩度全裸拍攝！當有人要我全裸為《時代》雜誌拍照時，我說：「不行，我不拍裸照。」

他們持續說服我答應。我打電話給金巴爾和托絲卡，告訴他們我有這個機會。

托絲卡說：「你不能拍裸照。」

金巴爾說：「媽，這可是《時代》雜誌吔，不會有問題的。」

他說對了。結果一切順利。

被要求跳脫舒適圈時，你大可拒絕。五十年來我一直拒絕拍裸照，但我心想，在《時代》嘗試一下應該很安全吧！攝影師在業界很有名，作品都很美麗，因此值得去做。

我不確定準備拍攝時是否會感到彆扭，但他們帶我到一個房間裡，請兩位女工作人員幫我打理出自然風的指甲、髮型和化妝。沒有任何問題。

他們讓我坐在地上，前面放了一面鏡子，讓我能看到我在照片中的樣子。

接著，攝影師走進來，是男性攝影師，他照完相後就離開了。沒有任何問題。整個過程很高尚優雅，成品也很美。最後，他們把照片從原本說好的《時代》雜誌封面移到健康專欄首頁，我的經紀人對此不悅，她說攝影師也不高興，因為那不是事先談妥的條件。

我倒不怎麼失望，因為我的裸照不會直接出現在各報攤。我完全沒有問題。

《紐約》雜誌致電給我紐澤西的經紀公司，他們也想找我全裸拍攝。這一次，他們想要我擺出黛咪．摩爾（Demi Moore）的姿勢。這一次，我得裝出懷孕的體態。

托絲卡就在我旁邊，我說：「你一定不相信——他們要我擺出黛咪．摩爾的姿勢。」

這一次，她說：「去做！」

我說：「為什麼我要去做？」

她說：「這很經典！」

我原本不想答應，但她改變了我的心意。

他們想走自然風，再打上刺眼的燈光，因為他們想讓我看起來像七十歲。當時我只有六十二歲，而他們希望我能看起來比實際年齡還要老很多，我不在意，我常常做這種事。

我穿著肉色內褲、貼上胸貼，但還是覺得自己全裸。

他們找來一位孕婦；她的預產期就在當週。她忘了她肚子上有刺青，所以他們得用photoshop修掉。我們兩人都拍了照片，然後他們用修圖軟體把她的肚子換到我身上，製造出我懷孕的視覺。

這張照片出現在全國各大電視節目和報紙，上頭的標題是「她懷孕嫌老嗎？五十歲以上的新手父母——生孩子的最後年限」。

有趣的是，幾個月後我又進棚拍攝，大家都很高興我已經「卸貨」了。我告訴他們我沒有懷孕，而且我已經六十二歲了！

之後，每個人都說：「全裸拍攝會讓你有解放的感覺嗎？」

沒有！非常不自在，我覺得很彆扭。如果我沒有表現出來，那是因為我是個專業的模特兒。我接下這類工作，是因為我信任這兩家雜誌。現在我知道拍裸照是什麼感覺，沒有必要再嘗試了。

有許多次我因為跳脫我的舒適圈而得到很棒的機會。有一次我拍照需要跳瑪莎・葛蘭姆（Martha Graham）的舞步，這根本不是我能力所及。我並非偉大的舞者，只好看錄影帶，模仿她的動作。有些拍攝場景需要和某芭蕾舞團的台柱共舞，他說我應該要倒在他懷裡，我照辦，感覺好極了。他非常強壯，照片無懈可擊，我看起來就像個專業舞者。問題是，從此以後，每個人都要我在拍照時跳舞。

我為「封面女郎」拍照時，他們要我站在屋頂上跳舞，還要穿高跟鞋。我告訴他們我不會跳舞，但他們完全不相信，因為我在瑪莎．葛蘭姆的故事中可不是這樣的。我得努力說服他們幫我找個編舞師，他們答應了。她在鏡頭後面跳，我只要模仿她就可以了。自此我常常有許多跳舞的鏡頭。誰會知道呢？

我幫《Hypebeast》雜誌拍攝時，穿了一身嘻哈街頭風來吸引另一個世代——千禧世代，我讓他們看到祖母也可以用街頭服飾品牌穿出時尚。拍攝當下，我還真的認真回想電視影集《嘻哈帝國》（*Empire*）裡的演員是怎麼跳舞的。我真希望我之前多加留意；不過，人們很喜歡這次的拍攝成果。這是很好玩的工作經驗，還為我開啟了一個全新的時尚領域。我們透過這次的拍攝讓大眾知道時尚沒有年齡限制。

我從這些經驗中學到，你有時會對某些風格感到不自在，但還是去嘗試看看，別讓年齡這類因素侷限了你。

21 成為網紅

學會新科技永不嫌老

我很感謝科技，這是個充滿挫折又煩人的過程，但讓我非常受用。科技對我們全家都是一大恩賜，我們從來不會躲避任何能讓我們的工作、生活和地球變得更好的改變，包括科技在內。

和我童年時期相比，現代科技早已今非昔比。我八歲的時候在我父親的辦公室幫忙，我用的是非常笨重的打字機，還得用手更換色帶。打字機不斷演進，直到我三十幾歲的時候，我買了一台文字處理機。它很不可思議，你可以修改，但不能儲存，你可以把文件印出來，再照著重打一遍。這是最早的「剪下貼上」──把字句剪下，把紙片攤在地上，然後再重組，你就能重新打一遍。我的第一份論文重打了十四次──我的第一個碩士學位花了四年才拿到。我的第二個碩士學位只花了我十五個月的時間，那是因為當時我已經有電腦可用。

不過，網際網路的誕生則是我搬到舊金山以後的事情了。

那時我兩個兒子對於先進科技看法神準。他們剛成立Zip2的時候，常常叫我當他們軟體升級的使用測試者。如果我有不懂的地方，他們就加以修改，好讓每個人都會使用。這家網路公司草創期間，我曾使用他們的服務印出點到點路線圖，實際測試後，發現到了目的地以後我回不來，因為一路上都是單行道。我們需要回程路線——於是他們立刻修正。

為宣傳我的營養諮詢事業，我和他們做了個交易：我對他們的員工演講營養學知識，他們則幫我架設網站。我的網站共有四頁。

我想我是第一位有個人網站的營養諮詢師，它對於行銷非常有用，相較於以前的印刷品，這是個令人樂見的改變。以前我依賴小冊子，但上面的資訊很容易過期。現在我可以請人們參考我的網站，而他們看到的每件事都是最新的。我從九〇年代後期就開始透過網站來宣傳我的營養諮詢事業，我的網站讓我接獲許多演講、媒體訪問和擔任主講人的邀約。二〇一〇年前後，我另外開立了一個網站，放上我五十多年以來的模特兒作品。

社群媒體對我各方面的工作有很大幫助。我主要利用推特（Twitter）來分享營養學研究與其他相關消息；該論壇為我帶來談論健康的專訪和演講機會，這些都是我很喜歡做的事情。它也能讓我獲得許多意見。我把我的研究成果放在推特上，追隨者馬上就會讓我知道他們是喜歡還是不喜歡、是需要還是不需要。它也能幫助我朝大眾有興趣的方向來努力。我覺得它很棒。

再來講到ＩＧ，我發表了白髮女性看起來不一樣的雜誌照片後，自掏腰包找茱莉亞一起去巴黎闖闖看，我想要投資自己，這是我們不時都該做的事。當時我雖然沒有受邀參加頂級時裝秀，我還是把我的足跡都貼在ＩＧ上，把街道當做我的伸展台。後來我有機會展示新銳設計師的作品、與法國來的街頭風攝影師合作，就是ＩＧ創造的機緣。

投資有了回報，它為我打開了頂級時裝秀的大門，其中也包括封面女郎。即使多年後的現在，我還會接創意攝影試拍工作。但整體來說，就算有時成品未被採用，但主題式拍攝、打扮、與新朋友和舊朋友一起笑鬧，我都樂在其中。拜社群媒體之賜，我被簽入ＩＭＧ模特兒經紀公司旗下、成了最老的封面女郎，並且不再需要四處參與選角。

社群媒體讓我走進高端時尚的世界。有位設計師看到我在臉書上的照片，於是邀請我參加他在洛杉磯的電影首映會。我帶了一位朋友前往；我們半個人也不認識。但之後我把首映會的照片發布到網路上，結果那位設計師請我幫他走秀。我從來沒在紐約時尚週走秀，六十七歲的我首度登上時裝秀伸展台。我身穿一襲美麗的銀白色長裙，儘管我滿頭白髮，但看起來還是像新娘一樣。坐在觀眾席的友人說，當我走秀時，現場熱烈地鼓掌叫好，他們看到伸展台上有我這樣年紀的模特兒都倍感驚喜。謝幕時，設計師要我和另一位模特兒跟他一起走到台前，真是特別的經驗。

我見識到臉書和ＩＧ的力量，於是在社群媒體上宣布我要去紐約發展。許多攝影師主動找上我，問我是否願意去試拍，我來者不拒，全部答應。你永遠不知道哪一次會拍出好效果，但多嘗試總是值得的。這些試拍中不乏糟糕的照片，也有可以在網路上發布的好作品，並且吸引了更多模特兒工作的洽詢。

很多人喜歡說科技拉遠人與人的距離，讓我們孤僻。但我沒有遇到這種情況。科技讓我聯絡上新朋友、老朋友及潛在客戶。朋友一看到我在城裡，就可以立刻聯絡，約我見面。我們可以隨時和地球另一端的親友聊天，甚至還能看到對方，真是太不可思議了。科技創造了瘋狂又偉大的局面。我可以每天晚上和我的雙胞胎妹妹視訊。我在加州的孫子女們似乎很喜歡和他們在紐約或科羅拉多州的表親一起上線玩電動，這是讓他們維繫關係的絕佳方式。想到我們以前溝通不良，還得透過打電報、打電話，或寄出六個禮拜才會抵達的信，現代科技真是太厲害了。

◆ ◆ ◆

科技的確是很難懂，要學會新科技更是痛苦。每一次更新都讓人驚惶失措，出錯在所難免。ＩＧ更新的時候，我的網頁上突然出現了三段我以為我沒有發布的影片，我得趕緊在深夜把它們撤下。它會讓你發瘋，你得上網搜索查詢解決方案，一關一關地自己處理。既花時間，又充滿挫折感。但這並不代表你年紀太大學不來。也許我會效法我母親，她九十四歲才開始用電腦作畫，因為她的手會抖，無法拿畫筆。科技和年齡無關。有趣的是，我的辦公室有來自紐約大學、哥倫比亞大學和其他知名大學的營養系學生來實習選修課，他們發現我居然懂許多先進科技，甚至比他們更厲害。科技能開啟許多契機——無論是事業、健康，或者只為了聊天好玩。學習新科技永不嫌老。

22 致單身女郎

愛情讓人快樂，單身也能快樂

我常給人建議，但我不給約會建議。我這輩子在各方面都很成功，唯一的敗筆是愛情。我交過許多男朋友，其中有些人我很喜歡，但我不曾遇到我想要共度此生的人。若硬要我提供約會建議，那就是：不要聽我的建議！不過，我對愛情的建議是：愛情讓人快樂，單身也能快樂。如果你找不到對的人，就把愛寄託於家人、朋友和工作上。

如果你認為結婚是快樂的要素，不妨和已婚的朋友聊一聊。我年輕的時候，雖然沒有人告訴我單身不會快樂，但當時六十幾歲的人全都在二十歲就結婚了。沒有人小姑獨處。我很好奇這些夫妻當中有多少是幸福美滿或依舊維持婚姻關係。能有人當你一輩子的好伴侶是很棒的事情，就像我父母、我哥哥、弟弟和雙胞胎妹妹的婚姻一樣，他們都找到了快樂。我從三十一歲離婚後就獨身至今，已經有四十年了。人們常對我說：「愛情在不抱希望時才會出現。」我這輩子從沒抱過希望，但我也沒找到過愛情。我曾努力過，但找不到能比我自己還能讓我快樂的男人。

我受我雙胞胎妹妹凱伊的影響，十三歲就開始交男朋友。我和她那時在舞蹈學校打工，她就是在那裡認識她的男朋友，由於家裡不准她獨自和男生外出，我們得四人約會。但我多半找不到會想讓我和他出去的有趣男生，我每次交男朋友的時候，對方一開始都為我瘋狂、然後又想保持距離；然後又為我瘋狂、之後又想保持距離，我從不懂怎麼會這樣。我稱之為「追求我、推開我」關係。每次都很傷人。

我十五歲當模特兒以後，男生覺得我太受歡迎，不可能會答應週末晚上跟他們出去。我妹妹和她男朋友會帶我一起去戶外電影院，他們並不介意我當電燈泡。對我來說，週末晚上是重要的約會夜晚，要是我沒出門，都會很傷心。我結婚後對一個不忠誠、又會拳腳相向的男人忍氣吞聲，我努力做到他所有的要求，痛苦極了。我好不容易從那段婚姻抽身後，即使還有其他困難，但我整個人生都改善了不少。我離婚後，根本就不知道怎麼跟男人約會。有男人約我，我就會答應。如果對方令人討厭或很無趣，我就不會再跟他出去。如果我喜歡某個人，他最後一定都會拋棄我或偷吃，主要是偷吃。如果我研究他的過去，就會發現他也曾經欺騙他的前妻或前女友。他不會為了我改變。我三十出頭交的男朋友也對我不忠。

我還有三個小孩，所以跟我交往的人也得喜歡他們才行。男人多半對我的孩子不感興趣，不希望他們當跟屁蟲。還有男人說要繼續交往我就得退讓——我全都乖乖順從！有個男人是服裝公司老闆，他要我只穿他們品牌的針織服裝，不能穿別的，於是我都穿他要我穿的衣服。還有的男人說我太世故了，於是我為了他而開始改穿牛仔褲和T恤。

這些男人都要我改變，但我從來不要求他們為我改變。最後我才發現，如果我想和某個人穩定交往，就不該委屈自己。因此我不再妥協，但我的感情之路依舊走得不順。這麼多年來，我越來越少受騙。若要為這段歷程下個結論，那就是我學到了教訓。我一、二十歲的時候是個專吸垃圾的磁鐵，三十幾歲還是會引來垃圾。四十歲以後，我交往過幾個很棒的男人，但沒有人讓我願意委託終身。

五十出頭搬到紐約以後，我決定嘗試網路約會。我給自己三十次的機會，如果沒有愛上別人，就不再繼續。約我的人還不少，因為我在網站上放的是我當模特兒的照片。有些約會對象和我年紀相仿、有些比我大二十歲、有些比我小二十歲，沒有人長得和他們的照片一樣。

我很快便發現，午餐或晚餐約會其實就是花三個小時聽一個男人抱怨、或者從頭到尾只談論他自己、或者他們只會數落前妻的不是。這些話題都引不起我的興趣。他們甚至不知道我有小孩，因為他們沒問。他們不問任何關於我的事情。

我理想的對象是在我辛苦工作一整天後、或外出演講、或當模特兒回來，會很高興見到我。這個要求太過分嗎？好像是。

大約在同時，伊隆養了一隻臘腸犬和一隻約克夏，這兩隻狗生了一隻小狗。

他說：「我要把小狗送給你。」

我驚恐地對托絲卡說：「我現在搬到紐約，這是我第一次隻身在一座城市，我只要把自己照顧好，沒有其他責任，甚至沒有人知道我有子女。這真是太棒了。但現在伊隆要把小狗丟給我。」托絲卡說：「這能讓你不再跟那些垃圾約會。」你知道嗎？小狗真的讓我不再約會了。

我約會時常遇到傲慢討厭的人，我再也不願忍受那些冗長的抱怨了，所以我開始把約會型態改成喝咖啡，三十分鐘後，我會說：「我需要去遛狗了。」這是個很棒的藉口。

我回到家，看到我的小狗全心愛我，我的確因此不再約會了，但這是好事，因為約會實在是浪費生命。

如果你想愛上別人，就必須與人約會。你需要透過朋友介紹有意約會的朋友，或嘗試網路交友（但要約在公開的咖啡店，並且要喝過幾次咖啡以後才能提供個人資訊）。約會不容易，感情這種事很複雜，但你不該因而卻步。我的狗比我以前的任何男友都還能讓我開心，不過我七十一歲了，你還不用選擇這條路。如果你交往的對象你不愛他、但你喜歡和他在一起，就像好朋友一樣，那你也許可以接受。如果你和對方在一起要比自己獨處還要快樂，這當然最好。但如果你和某人在一起一點都不開心，則最好離開他。跟你不喜歡的人交往一點意義也沒有。

這世界總認為戀愛是件大事，那友誼呢？我有從十一歲就認識的朋友，四十幾歲的時候認識茱莉亞，還有今年才認識的新朋友。

剛認識茱莉亞的時候，兩人都在磨合，努力找出相處之道。但我們從來不會互相競爭；我們只希望對方成功。這也是我們成為一輩子的朋友的原因。

成功的友誼有個要素，端看它能持續多久。如果有朋友瞧不起你、說你不夠好，就不是你想要維繫或聽勸的朋友。

茱莉亞會說，我們一直是彼此的啦啦隊，我同意。我們也喜歡彼此的陪伴，聽得懂對方的笑話。我們都是守時的人，都喜歡認真工作。我們一直保持聯絡。我們常常一起旅遊——米蘭、巴黎、多哈（Doha）、布達佩斯等地，都有我們的足跡。我們沒有在一起的時候，就會視訊。和朋友在一起能無拘無束，完全做自己，真是一大樂事。

我與父母和兄弟姊妹同住到我二十一歲，然後我和子女同住。如今我熱愛自己一人。在朋友聚會和工作之餘，我還常受邀前往晚餐或派對。我們家人也常常一起慶祝新事物：可能是新餐廳、新車、非營利事業、電影或火箭。或者我的孫子女會來我這裡過夜，用床單和枕頭蓋堡壘。

我的生活排滿了朋友與家人，雖然沒有戀情，但我很享受有愛狗戴爾雷（Del Rey）陪伴的寧靜夜晚，即使是週末夜晚也一樣。

我母親常說：「如果你和他在一起比你獨自一人更不快樂，趕快結束這段感情。如果你和他在一起要比沒和他在一起更快樂，就繼續這段感情。」

我很開心地向大家報告，戴爾雷和我的感情非常好。

Part Five

—— • ——

健康

23 吃出快樂

規畫飲食

曾有位年輕女性訪問我，她不斷稱讚我充滿活力，「你生氣勃勃！你精力充沛！」她說得沒錯。

我需要精神飽滿地去開會、走秀、飛到世界各地演講、參加活動和當模特兒。我需要精神飽滿地去遛狗。我每天都得接我的孫子女放學，並照顧他們幾個小時或幾天。有精神才能保持清楚的頭腦和美好的心情。

我胖到超過九十公斤的時候，還演講或告誡客戶健康飲食的重要。我會拿基因做藉口，說我家每個人都過重。我把它當成笑話來講，要大家吃得健康，不要像我一樣亂吃。這並沒有給我自信，因為我已經失控了。我喜歡狂吃，炸雞、薯條、漢堡、冰淇淋、巧克力——任何東西，而且我想吃多少就吃多少。之後我會昏昏欲睡，因為吃那麼多讓我疲累。

原理是，你所有的精力都用去消化食物，身體剩下的精力已經不多。當你吃得健康，就能保留更多精力。我的客戶對這樣的結果總是很吃驚，他們改變飲食習慣以後，找回了他們從不知道自己有的精力。

重要的是，要專注於懷抱希望，並對生活保持興奮之情。你真正想要的是健康地變老。年老後的許多健康問題，像是糖尿病、阿茲海默症和心臟病等，都和營養有關。吃得健康是樂齡的最佳方式，也會助長你的行動力。你現在也許不會擔心，但看看家中的長者以及他們經歷的病痛，你能夠降低許多健康問題的風險。

保持身心健康的最佳飲食法有得舒（DASH）飲食、地中海飲食和彈性素食（Flexitarian）飲食。這些飲食都需要事先計畫。

計畫的第一步，是巨細靡遺寫出目前的飲食內容。我以前諮詢客戶時，會問出他們每日飲食習慣的所有細節。他們幾點起床、三餐和點心吃些什麼、什麼時候吃以及會選擇吃什麼，還有他們在什麼時間從事什麼活動。這能讓我了解他們對於吃進肚子裡的食物有何想法。下一個問題是喝酒：多常喝、哪一種酒、喝多少。一般推薦女性每天一杯、男性每天兩杯。研究顯示這樣的分量對健康有益；不過，如果你本來就不喝酒，就都不要喝。有些客戶遵守我的酒量建議後，體重減了很多，這表示他們以前實際喝酒的分量要比他們記得的還多。有時他們會說宿醉有多難受，我常常不理解為什麼他們還會願意再經歷一次。我不怎麼喝酒，無法理解這個問題。喝酒會讓你喪失意志力。我就會，我喝了我最愛的蘭姆酒加可樂後，對於任何食物都來者不拒。隨手可及的當然不會有沙拉，所以最常搭配的就是洋芋片、薯條和堅果，而且我可以吃很多，於是我的飲食計畫毀於一旦。如果你發現酒精會讓你失去意志力，那你更要少喝酒。

我會問客戶是否喝咖啡或茶、每天幾杯、加不加牛奶（或最近有人會加植物奶）、加不加糖或代糖。我建議每天最多三杯咖啡、三杯茶，以及不超過三罐的健怡汽水。以我來說，平常我每天喝兩杯咖啡、一杯茶和一罐健怡汽水。

當我點咖啡要求加牛奶和糖的時候，身旁的人總是被我嚇到。流行的減肥觀念認為這些都該避免。真是胡說八道。憑著科學和常識，安心享受你的咖啡吧！我喜歡喝紅茶加牛奶和代糖，雖然綠茶含有較多抗氧化劑，對身體比較好，但我不喜歡它的味道。如果有營養的飲料你不喜歡，就不用硬要喝。有些茶標榜可以減肥或適合晚上提神喝，但你得當心，如果它們看起來有效，是因為裡面有其他成分導致體重下降或不想睡覺。

除了飢餓之外，導致人們暴飲暴食的原因還有很多。我會問客戶，他們感到焦慮、壓力、疲勞、厭世、憂鬱、孤單和／或快樂，或在交際時是否會多吃。有些人會說他們吃東西是因為某些原因，其他人則推給別的原因。其實進食只有一個好原因，那就是肚子餓——所以我會和客戶一一解決其他原因。不改變這些原因是無法改變飲食方式的。

如果你焦慮時會暴飲暴食：讓你焦慮的原因是什麼？是可以解決的嗎？你害怕有什麼事情可能會或可能不會發生嗎？有些事情永遠不會發生在我們身上，我們卻害怕它會發生。當然，有時候可怕的事情不預期地發生，我們卻不擔心這些事。

如果你因為工作壓力而想吃東西，你也需要想清楚你是否想做出改變。如果你熱愛你的工作、但討厭你的同事，你該如何做出改變呢？可以跟他們談談嗎？申請調去其他部門？或者非找其他工作不可？工作時必須快樂，快樂時就很容易吃得健康，否則你會去吃安慰食物，像是辦公室廚房裡的餅乾或馬芬。另一個選項是盡量吃得健康，避免周圍所有誘惑，在辦公桌和廚房冰箱裡都擺上健康食物。

如果你狂吃是因為感情出了問題，情人用分手來威脅你減肥，則你得做出決定。你應該知道，這並不一定是真正的問題，至少我的經驗是如此。就算我為了男友開心而瘦成皮包骨，他還是會繼續出軌、繼續抱怨。所以，多出來的那幾公斤並不是問題所在，只是被對方用來當成藉口。你需要吃得健康讓自己感覺良好，而不是為了別人。

如果你疲累的時候會多吃亂吃，則你得隨時在身邊準備有益的食物。我三個小孩陸續出生後，我根本不得休息，更別提一覺到天亮了。當時我家裡隨時都有健康食物，所以我不會受到誘惑。即使到了現在我的身邊還是只有健康食物。

如果你因為憂鬱而吃，則你需要找出憂鬱的原因，並加以處理。我的客戶往往在解決憂鬱問題以後，都能開始努力吃得更好，也因此更樂觀、有自信。他們開始穿得下原本太緊的衣服，並與我分享他們的快樂故事。孤獨或厭世的人也要這麼做。

我有些客戶是快樂的饕客，吃是他們的最愛，尤其是那些高油、高鹽、高糖的食物。桌上的食物越多越好。有研究顯示，如果你端一盤義大利麵給體重過重的人，他們會很開心地把它吃掉，但如果你端上四盤不同口味的義大利麵，他們會更開心，並且吃得更多。我很了解這個道理，因為只有一種義大利麵時，我們會有味覺疲勞，而且會想吃完盤子裡的食物，但如果有四盤食物，我們也許吃不完，但一定會每一種都嘗嘗看。狂吃的當下我們會很開心，隔天早上就會傷心不已。你即使在開心的時候也要努力發揮自制力。同樣的，你也許熱愛交際，愛喝幾杯葡萄酒或啤酒，手邊任何食物都會抓起來吃，當然不會是沙拉，多半是小餅乾、起司、洋芋片、花生、薯條和小漢堡。其他人也都在吃吃喝喝——他們怎麼不會變胖？這是因為有些人天生就瘦——或者他們不像你吃那麼多零食。我和朋友出去喝酒，我多半點蘭姆酒加可樂，或是水果口味的馬丁尼，然後搭配蔬菜棒或非油炸的蝦開胃菜。我也不會再去續攤晚餐，下酒點心就已經是我的晚餐，它的熱量很高，讓我有飽足感，吃不下晚餐。要做到這一點需要訓練、意志、警覺和堅持，但能讓我在聚會結束後感覺良好。酒酣耳熱之際要謹記吃得健康的那種好心情，並且不斷提醒自己。

良好的飲食計畫始於早晨。我會吃燕麥或高纖穀片加低脂鮮奶，以及幾片香蕉。我需要簡單又快速的食物。如果你對食物沒什麼創意，又要趕著上班，則每天早上可以吃一樣的食物。

上午稍晚，我知道我一定會餓，所以先準備好馬上可吃的水果和優格，或是全麥麵包塗花生醬。接著是午餐和下午點心，因為下午的時候也常會餓。要能知道什麼是真正的飢餓，不是因為無聊、疲累或壓力而想吃東西。不要六個小時都不準備食物，你會餓到飢不擇食！如果你是那種不知道下午該吃什麼的人，就不要讓自己有亂吃的機會。肚子餓之前就先計畫好大約在三點半的時候吃個墊肚子的點心，然後就能在晚餐時間好好享受正餐。

我喜歡早點吃晚餐，也喜歡晚上吃少一點。我盡量在晚上七點到隔天早上七點完全不進食。但如果我肚子餓，就會睡不著，所以有時我會喝杯牛奶或吃半杯分量的茅屋起司。你會發現，我一整天每幾個小時就會吃點東西，所以不會餓過頭，而且每次分量都不多，所以不會吃太飽。如果我讓自己太餓，就有可能影響心情或感到筋疲力盡。因此我知道什麼時候該吃飯或吃點心：那就是當我覺得有點餓的時候。

多餐、少量、只吃健康食物、等待下次有餓的感覺，這些都是良好飲食計畫的基礎。

我不是烹飪高手——這個頭銜屬於金巴爾。放假時，他會在廚房烹煮大餐，托絲卡當助手，我和伊隆則在一旁涼快。不過，雖然我不特別喜歡做菜，但我在家還是得餵飽自己。我常常會把一週的剩菜煮成一大鍋湯，再加入米或豆子（先泡一個晚上）。然後我把湯分裝冷凍，隨時解凍加熱就可以吃。

我七十歲生日的時候，孩子們對我從小餵他們的食物大開玩笑，高纖穀片加牛奶、一堆水果蔬菜、花生醬三明治和豆子湯。我現在還是吃這些食物，因為健康食物不需要太複雜。

它也不需要太昂貴。我父母歷經大蕭條，我們從小就省吃儉用，不買昂貴食物，也不浪費食物。我這輩子在吃的方面都很節省，現在已經不需要這樣了，但我還是吃得很省。問題是，收入低的人認為他們需要去喝提升免疫力、或排毒、或增強精力的果汁，而這種東西價錢不菲。他們還受廣告影響，認為他們需要吃補品。人們總說我們應該吃有機食物，但很多人買不起或找不到真正的有機食物。別讓這些因素阻礙你多吃水果和蔬菜；只要把它們洗乾淨就好了。

以下是幾個關於事先計畫飲食的建議：自己帶花生醬三明治和一根香蕉，再到咖啡店點杯拿鐵。或是蛋三明治或起司番茄三明治，你可以把它們冰在辦公室冰箱。煮好幾顆水煮蛋，可以吃上四天。用蘋果取代餅乾能讓你充滿幹勁。吃優格一點都不麻煩。趕時間的時候喝杯牛奶也不麻煩。如果你稍微用心，則每樣東西都隨手可及。如果你沒吃早餐就匆匆上班，十點的時候忍不住吃了一個甜甜圈，第一次不是你的錯，但如果第二次再犯，就是你的問題了。你需要先計畫好。你不吃早餐也許是因為前一天晚餐吃太多，到了早上還不餓。如果是因為你太匆忙，可以提早幾分鐘起床。我可以趁查看電子郵件的時候吃穀片，你也可以。

◆ ◆ ◆

對我來說，我沒有其他選擇。如果我不規畫健康飲食，就會變胖，因為其他可吃的食物都不健康。我知道如果我吃高碳水化合物，兩個小時就會餓。如果吃吐司加蛋，則可以撐四個小時。脂肪和蛋白質的消化時間較長，能延長你的飽足感。但我喜歡高碳水化合物的食物，所以我在家絕對是兩小時進食一次。我旅遊在外時，會在飯店點燕麥片當早餐，分量總是很大，所以我會在早上八點吃一半、十點再吃一半，然後十二點半吃午餐的時候就不會太餓。餓過頭的時候無法思考，高脂肪食物很誘人，而且往往隨手可得，辦公室餐廳就有可頌和洋芋片。

我常說我必須事前計畫，否則就會一發不可收拾，更難回到正軌。我必須立刻煞車、改吃健康食物，否則體重就會直線上升。如果我晚餐吃太多，體重立刻多三磅（約一．三六公斤），褲子也變緊。我得花三天時間才能減掉這多出的體重。這種情況現在已經越來越少發生。

這就是我在家的生活方式，外出時也力行這些原則。現在我常常出差，無論我離家三個小時、八天還是好幾個禮拜，我知道我必須照計畫進食。如果因為不在家而無法事先計畫，則我會先想好一天的行程，以及有哪些食物可吃。若不確定有什麼食物，則我會帶根香蕉，一根香蕉能讓我撐上一、兩個小時。

我學到，如果在家的時候都需要計畫才吃得健康——我的確需要——則出門在外更是如此。我去年在世界各地有許多活動，長達六個禮拜的時間，我從洛杉磯飛到紐約、再飛到倫敦、再飛到紐約、再飛到米蘭、再飛到倫敦、然後回到洛杉磯。我在每個城市都有模特兒工作，還見了不少人，造訪景點，並都排定了詳盡規畫的行程。這需要很多精力。

首先，我皮包裡一定帶著小點心，像是堅果和水果乾，以因應緊急狀況。飢餓的時候，任何食物都會立刻放入嘴裡，而健康食物絕不會隨手可得。我只需要少量的點心就能壓下那種口腹之欲，讓我在正餐時間做出明智的選擇。

其次，我住進飯店之前，會先請他們把房裡的零食全部拿走。我不需要那些誘惑人的巧克力。我還請他們清空冰箱，好讓我放我自己的食物。我會去當地市場買牛奶、穀片、水果、堅果和優格。如果我覺得我需要更耐餓的食物，我甚至還會買一整條全麥麵包和奶油、起司與番茄。

第三，我早上自己泡咖啡，加我買來的牛奶，這比外頭的鮮奶油加牛奶健康。我不餓著肚子出門，我寧願吃個優格或喝杯牛奶，之後才會做出最佳的飲食選擇。我知道鬆餅很美味，但我更知道如果我點鬆餅就會功敗垂成，我一定會掃光整盤鬆餅。記得從錯誤中學習，並事先計畫。

如果我要外出吃晚餐，則我會先在家裡吃點東西，才不會在點餐之前大吃桌上的麵包。我多半不點主餐，一碗蔬菜湯加全麥麵包就夠了。我從來不讓自己匆忙倉促，每件事都在我腦中事先計畫。

許多粉絲要我告訴他們我每天吃些什麼。這是我的居家菜單：

早餐

我有一個大型保鮮盒，裡面裝滿我最喜歡的高纖早餐穀片，像是Cheerios、Bran Flakes或All-Bran Buds，再加入小紅莓乾或葡萄乾、核桃或葵瓜子，夠我吃上兩個禮拜。我把它搖晃均勻，每次倒出一杯，加上香蕉片，再淋上一杯低脂牛奶。

咖啡加低脂牛奶和一包代糖

點心

半杯優格

一顆蘋果

一杯紅茶加低脂牛奶和一包代糖

午餐

一杯自己煮的豆子蔬菜湯

一小時後

兩片全麥麵包、兩茶匙奶油、一湯匙花生醬和萵苣

一罐健怡可樂

一小時後

一顆柳橙

點心

拿鐵咖啡加低脂牛奶與一包代糖

一湯匙堅果

晚餐—傍晚六點

沙拉，包括一杯萵苣、一片洋蔥、半顆番茄、四分之一杯鷹嘴豆、一顆水煮蛋、兩盎司鮭魚罐頭、一湯匙葵瓜子、兩湯匙油醋。

點心

一杯低脂牛奶或半杯低脂茅屋起司

十二顆葡萄

蔬菜湯食譜：

一包十五種綜合豆，浸泡一夜，換水煮九十分鐘。最後二十分鐘加入野米，和手邊任何蔬菜與調味料。

24 重享美食

神奇藥丸不存在

這年頭人們常愛談論超級食物，同時又聞麵包色變、對牛奶避之唯恐不及、還擔心缺乏蛋白質。大家都搶著食用蛋白粉、蛋白質補充品、高蛋白能量棒，為什麼呢？我不知道。身為一個執業四十五年的營養師，我從沒看過任何人缺乏蛋白質，但沒有人聽得進常識，他們只想要神奇藥丸。

我常常慶幸我從五年前開始就不再當營養諮詢師，而全心忙於模特兒和演講工作，因為流行飲食減肥法已經凌駕任何理性的聲音。我現在領酬演講，告誡聽眾要遵從科學和常識。是時候該這麼做了。

流行飲食減肥法的確能快速減重，因為它們移除了你最愛的食物、加工食品、高脂肪食物和酒類。人們為了吃得健康而多次陷入努力－失敗的循環，避免誘惑實在太難了。他們發現若完全排除某一食物種類會容易得多。例如，完全不吃碳水化合物就表示不能碰披薩、洋芋片、薯條、漢堡麵包、義大利麵和甜點。這麼做要比吃得健康更簡單，因為他們不懂要吃得健康就得節制高熱量食物。我告訴人們，依我幾十年的諮詢經驗，沒有人因為吃全麥麵包而變胖，他們都說有道理，但就是不吃全麥麵包。他們寧願吃貝果和可頌。這些人不吃高纖食物，卻不知道這是他們唯一需要做的改變，無論是高纖穀片、全麥麵包、五穀米、豆子、堅果、水果和蔬菜都可以。我知道多數人不喜歡豆子，而且很少有人會吃足夠的蔬菜水果。你會以為這是常識，它的確是。當某個減肥法要你用培根取代水果，你內心一定提醒你：這並不妥當。但你卻說：我可以吃培根，好吃！

如果你遵從健康飲食，把你喜歡吃的食物替換成高纖又營養的食物，並且避免加工食品、高脂肪食物和酒精飲料，就可以好好享受食物，不用折磨自己。還有一個額外好處，那就是參加派對或外出用餐時不用那麼痛苦地壓抑食欲。

無麩質飲食最近很流行；一樣的，每個人都失去常理判斷的能力了。他們以為一片無麩質餅乾勝過一份水果或一片全麥麵包。真是聰明的行銷高招！有趣的是，當我問人們喜不喜歡喝珍珠薏仁湯，大家都說喜歡。我說裡面含麩質，他們則說他們對麩質沒有過敏。聽到這樣的回答，我的表情立刻嚴肅起來。黑麥也有麩質，但人們並不排斥黑麥。

在加工食品當中，麩質被其他會讓你不舒服的物質所取代，如果你吃了以後會胃痛，可能是這個原因。再說，無麩質食物並不好吃。

如果你因為奉行無麩質飲食而不吃披薩，因而成功減重，感覺輕盈，那麼何不用全麥三明治來取代披薩呢？你不需要採取極端手段並惹火每個人。多數人並不知道麩質是什麼，以及哪些食物含有麩質。有人會說：「我要採行無麩質和高蛋白質飲食。」我告訴他，麩質就是蛋白質。他們並不知道，而且對我提供的資訊也不以為然。

人人都要希望，流行飲食減肥法能給你希望，並因為極端節制和低熱量攝取，而能快速減重，所以它們才會那麼受歡迎。

我記得我還是營養系學生的時候，曾上電台接受訪問。教授和其他同學都講南非語，不會講英文，所以他們派我去。我覺得我不夠資格，因為我還沒畢業，不過，我修過基本營養素週期表和克氏代謝循環，成績優異。當我發現訪問內容是關於吃馬鈴薯會不會胖？我很快就發現他們只想知道基本知識，而非生理學或生物化學。

研究人員想不透民眾怎麼會相信流行飲食減肥法。三十五年前，位於約翰尼斯堡的金山大學（University of the Witwatersrand）有位八十歲的知名營養學專家受邀演講，我需要開車載他和他太太去研討會現場。他們之所以需要我，是因為在他精彩的演講、介紹營養學和最新研究之後，有人問到：「您對阿金減肥法（Atkins diet）有何看法？」老教授不知道那是什麼，我能回答那個問題，並告訴他有一本暢銷書倡議高動物脂肪與低碳水化合物飲食。他感到不解，因為研究並未顯示那是健康的飲食。的確，流行飲食減肥法已存在許久，但卻沒有改變人們的生活型態。人們難以長期遵守。持續奉行無麩質飲食能讓體重下降，是因為你不能吃披薩和餅乾。你應該吃你喜歡的食物，並選擇平價又美味的均衡飲食。流行飲食減肥法需要的事前計畫和健康營養的飲食不相上下。

我在加拿大倫敦市和兩位非常聰明又成功的女士吃午餐，她們聊到她們的營養師有多棒。

她們說：「她每個月幫我們抽血。」

我說：「她為什麼要幫你們抽血？」

「哦，因為我們的賀爾蒙失調。」

於是我說：「所以你們跟她買藥？」

「是的，是的，你得買他們家各種藥。」

「那你們每個月得花幾千塊錢呢？」

「哦，檢查五千加元，然後每個月再花個幾千加元。」

我說：「你們可以不要再花這筆錢了。」

「哦，不行，我之前變胖，她確實救了我。」

我說：「可是你遇到她之前是否飲食習慣不良？後來又做了什麼改變呢？」

「我以前吃很多起司，所以我停止吃起司、體重就下降了。」

於是我說：「你什麼都不需要，只要不吃起司就行了。」

她們對我的建議並不領情，也不聽我的，依舊聽信他們那些不夠格的營養師。

有些人還會花大錢買果汁，一瓶四十加元。真是太可笑了。如果你真的喜歡喝果汁，那就自己做，以便完全攝取那些蔬菜水果的纖維。你還可以加入營養強化麥片，原料比例對了，就能自製出像市面上一樣獲得認證的強化飲料。健康飲食沒什麼複雜的祕密；只要遵循科學和常識就行了。每當你覺得你可以或不可以吃某個食物，不妨上網查查大學或營養師的論文等可靠來源是怎麼說的。不要去看那些沒什麼營養學背景的醫生寫的文章，有些人也許寫了暢銷書、是全面營養專家（不管這是什麼意思）、健身教練，或想要推銷果汁、蛋白粉或藥丸，目的並不單純。真正的營養師只想賣健康給你，而且費用便宜得多。他們會讓你有自信吃得好，且控制自己的飲食習慣。一般人不了解註冊營養師專家（RDN）、註冊營養師（RD）和營養學家之間的不同。前兩者是大學畢業並在醫院實習過的營養專家，他們能夠辨別虛實、規畫飲食、協助你把營養科學落實在健康的食物選擇上面。他們了解飲食對於預防和治療許多疾病的重要性，包括糖尿病、癌症、高血壓和心臟病等，而且他們的建議能夠提高你的生活品質。

還有人自稱是營養學家，他們不需要相關學歷證照，而且提出的論點甚至沒有研究的實證。他們的收費通常較為高昂，還會推銷產品。不要被騙了！開支票之前，先查查他們的認證文件。會露餡的地方是，正統的營養師名字後面會加上RD或RDN。但就算他們有MD（醫生）的頭銜，你答應加入某個計畫之前先想想，他們是不是想賣什麼產品給你。凡是在兜售正常飲食的恐懼，或保證某個營養品、蛋白粉或產品具有未經證明的功效，都不是真心要幫你，他們要的只是你的錢。這些東西治的是你的不安全感，而非你的健康問題。

忘了這些流行趨勢吧！你不用吃羽衣甘藍也能健康！你可以吃，但不用刻意去吃。我是個味覺超靈敏的人，某些食物對我來說太苦，羽衣甘藍便是其中之一。我不喜歡它，所以我不會去吃它。我吃其他蔬菜，那些我喜歡的蔬菜。

你一定會遇到有人說你怎麼不吃羽衣甘藍，告訴他們，羽衣甘藍不是健康的祕訣。健康的真正祕訣在於多吃水果蔬菜、全麥食物、豆類和奶製品，吃你喜歡的食物，少量多餐，餓的時候才吃。

最佳的健康計畫是能夠持續下去的計畫——即使有壓力、或疲累、或太忙碌而無法特別留意時也能遵行的計畫。

你不需要神奇藥丸，你需要的是計畫。

25 巧克力送給別人

遠離誘惑

糟糕的食物選擇是一路歷經迷亂與誘惑的下場。誘惑當頭，是無法事先計畫的，離你最近的食物通常都是洋芋片和巧克力這類高油或高糖的東西，一吃就上癮。這些是觸發食物，無法拒絕，也難以停止。即使吃飽了還是來者不拒。對我來說，我的胃永遠容得下薯條或巧克力，就算吃得再飽也一樣。

我做營養諮詢的時候，對每位客戶訂下的首要目標，就是要他們計畫隨時在身邊準備健康點心，像是一罐優格、一份水果，或一片塗花生醬的麵包。我常會說：「要吃一片餅乾之前先吃三顆蘋果。」結果沒有人吃到餅乾，因為他們才吃一顆蘋果就飽了。所以這是個好策略。有時我吃太多水果和蔬菜導致體重微升，但和我狂吃垃圾食物後增加的體重相比，根本微不足道。

吃完美味的慶生大餐後，服務生再端上甜點，我毫不猶豫就把它一掃而空。

那天我剛好坐在一位身高一百九十五公分的高大男人旁邊。過了一陣子，他說：「你吃得比我還多。」

我告訴他我並非每天都這麼吃，但這些甜點都很美味，大吃一頓太值得了！我嘴裡的每個細胞都開心極了。我體重增加了三磅。隔天，我又回到正常的健康飲食，並花了一個禮拜才減掉這三磅。我二十幾歲的時候可以在兩天內減掉這些體重，現在七十幾歲，得花一個禮拜。有時還是值得的。

如果你要放縱大吃，一定要因為食物太美味，而不是因為你被某個悲傷或緊張的感受所觸發。長久以來我已經學到，不要把我的卡路里浪費在不好吃的甜點上。

對食物挑剔很有幫助。我參加會議，看到會場有各式各樣的餅乾，我不想拒絕它們，所以我挑了一個看起來最美味的餅乾，上面有巧克力和堅果。我咬了一口，發現它沒有味道，真令人失望，根本不值得入口。於是我把它放回我的盤子，不再碰它。

如果你品嘗某個食物發現它不好吃，就把它放下。

人們送我巧克力和甜點時，總是笑得很甜蜜，但我卻害怕得不得了。我告訴他們不能送我這種食物，因為我會把它們吃光光。他們說每天只要吃一顆就好，但這不是我的本性。

他們得把這甜點原封不動帶回家，否則我會轉送他人，如果沒有人可送，我甚至會把它們丟掉。一直想著廚房的甜點像磁鐵一樣吸引著我，這種壓力太大了，不值得為了它們受苦。我家無法有甜點，因為它們是我的觸發食物，這是什麼意思呢？就是說，我不會只吃一塊巧克力就善罷干休；它會觸發整個連鎖反應。它播弄了我的味蕾，我想要一口氣掃光整盒巧克力。有些人的觸發食物可能是洋芋片這類的辛辣零食，也有人是冰淇淋。重點是，要知道你自己的觸發食物是什麼。如果你有觸發你狂吃的食物，不管是什麼，都要讓它從家裡消失，想吃也拿不到。

避免觸發食物有助於減重，同時也能防止自己失望難過。這類食物會影響心情，我們可不想不開心。

如果你會用吃來舒壓或暴飲暴食，不要浪費更多時間對多吃感到不安。更好的策略是不要有罪惡感，問自己：「我吃得開心嗎？」如果是，就不要自責。把這件事忘了，當做從未發生。下一餐就好好吃水果、蔬菜、精益蛋白質、全麥和豆子。隔天繼續過你的健康生活。入口的食物不用盡善盡美，你也不用力求完美。不健康的一餐不會打破你整個健康的生活方式。如果你有八成的時間都吃得很健康，就足以讓你隨時隨地感覺良好。

如果讓你狂吃的食物並不好吃，則要提醒自己，不健康的零食一點好處也沒有，何必自討麻煩？

謹記那些明智健康的食物選擇帶給你的良好感覺。如果你健康食物吃得夠多，你就會感到精力充沛、營養充足。

我在家的時候比較容易計畫優質飲食。絕不要把錢花在會破壞你飲食習慣的食物上面。如果你有小孩，買小孩喜歡的點心，不要買你自己喜歡的點心。如果我想讓我的孫子女吃點心，我會讓他們選擇一小份冰淇淋或一片餅乾。如此一來，我們就不會一下子吃完一整盒。

了解你的致命弱點，讓你想要也拿不到，你的好心情就會逐日恢復。

26 保持運動

選擇你喜歡的活動

我在家的時候每天走路。事實上，我一天出去散步四次，因為我的狗想要我帶牠出去蹓躂。我自己也能受惠，何樂不為？我喜歡舒服地散步，戴爾雷也是。

我鼓勵大家每天活動一下，但我不認同要運動過度，全身痠痛。鍛鍊身體不需要造成痛苦，這是我從親身經歷學到的教訓。

我從小就不擅長體育，只會讀書，凱伊則是運動好手。她的體育很好，她的小孩也是。我沒有運動神經，我的小孩也沒有！

你只需要計畫每日活動就行了。如果我的客戶不好動，我會找出他們願意做什麼活動。他們喜歡走路、跑步、打網球，還是上健身房？必須是他們樂在其中的事情。如果他們嚴重過胖，我會只要求他們每天散步三十分鐘；我不想增加他們心臟、膝蓋或背部的負擔，等到減了二十到五十磅（約九到二十二．七公斤）以後，再增加活動強度。

如果他們沒有時間從事任何活動，我會要他們利用看電視的時候原地踏步並伸展筋骨，我孩子還小的時候我就是這麼運動的。我一直到四十幾歲才開始上健身房，那時孩子都已離家，我也付得起這筆費用。我很確定以前我孩子邀朋友來家裡，看到我在他們面前做開合跳很難為情，但我一點都不在意。

光是多動並不會讓體重減輕，但卻能激勵你產生有助於減重的樂觀心情。活動也是健康之本，即使我撰寫這本書期間，也不忘在客廳的瑜伽墊上舒展筋骨，遛狗，並且每天運動四十分鐘——三十分鐘騎飛輪、十分鐘做輕度重訓。

我寫第一本書的時候非常努力健身，晚上會上踏板和瑜伽課。我上課太認真，臀部開始疼痛，所以，很自然地，我開始增加健身時間與強度。結果疼痛延伸到我的大腿，然後到我的右小腿。我痛得連膝蓋都碰不到。如果我有東西掉在地上，我會讓它留在原地好幾天，等到我有辦法跪下來，才會一併撿起之前所有掉落的東西。跨進浴缸得花半個小時。只有腿部曾有強烈灼熱感的人才知道我有多痛。外表看起來很健康，但完全無法坐下或站起來。我前後看了六位脊椎矯正師；他們都不想幫我矯正，因為我有雙重椎間盤突出。我又去找按摩治療師；他們也害怕碰我。我只有走路時不痛，其他任何動作都會讓我整條腿熱痛不已。看起來健健康康的人一直抱怨疼痛真是奇怪。

我打電話給我當神經科醫生的哥哥，他介紹我去看一位神經外科醫生。還好在加拿大外科醫生動手術沒有額外收入，所以非必要不會輕易開刀。外科醫生說我的腳還沒開始麻，不需要動手術，等到腳麻就表示神經受損了。我很高興他當時持保守態度，因為八個月後我的腳已經痊癒。我有許多朋友接受背部手術，他們當初若能與疼痛共存，情況可能會比較好。

這期間我還是得工作！我走秀的時候，他們得幫我準備兩位服裝師，一位從裡面幫我穿衣，一位從外面幫我套上。有時我一天有八場秀，空檔時間我會平躺在地板，把腳蹺在椅子上。他們很難相信我有多痛，因為我看起來沒事，而且還能站直身子。

我在一家公司當顧問，想藉此機會到費城參加一場研究會議，因為我很想聽聽科學家的新知分享。坐飛機非常不舒服，但我不想因此錯過我喜歡的會議。我帶著腰枕上飛機，每次坐下來就靠著它。

到達會議現場的時候，我必須躺在地上。

會後大家一起去吃晚餐。

「還好，」有位科學家說，「我們不用幫梅伊訂位，她會躺在地上。」

我以為我再也不會康復。我看到別人慢跑或健身時會想：「我再也不能做這些事了。」我羨慕那些能自由行動、坐下來都不會感到疼痛的人。我只想要能夠任意活動都不感疼痛。

六個月後，我感覺好多了，我已經能夠彎身碰觸膝蓋。到了八個月後，我能碰到小腿了，這表示我終於又能夠好好淋浴。

這件事讓我學到要聆聽自己的身體；不要忍痛。你不見得需要密集的健身訓練，也不見得需要增加重訓的強度。你不需要把自己逼得太緊。你只需要活動，運動過度可能導致受傷。

孫子女也可能讓我受傷。

最近我追著我的孫子女跑上樓梯，轉彎時扭傷了膝蓋。之後我走路就一拐一拐，而且痛得難受。我不知道怎麼了，所以，我尋求網路醫生的協助，這才知道年紀大或精英運動員都很容易傷到膝蓋。

誰叫我是個精英運動員，哈！

金巴爾有一群精英運動員朋友，他們的膝蓋全都開過刀，他說搞不好我也得動手術，聽說只要六個月就能復元。我說我沒有那麼多時間，兩個禮拜後，我還得去紐約時尚週登台走秀。

我聽從網路醫生的建議，冰敷我的膝蓋，並把它抬高。

試裝的時候，他們說：「前台會有很多階梯。」

我嚇壞了，因為我可以走路，但上下樓梯會痛。

時裝秀在大都會歌劇院舉行，有兩段向上的階梯，然後是兩段向下的階梯。我得四度上下樓梯。他們非常貼心，給我穿平底鞋。我當然不會抱怨，因為我是專業的模特兒。我只要忍住疼痛就行，不過，真的很痛。

我順利走完那場秀，回家後，我打電話給我的家庭醫生，醫生要我在膝蓋搽止痛藥、並且去看骨外科醫生。好消息：我的膝蓋只是扭傷，自己會癒合，不需要動手術。

我憑著良好的健康而成功度過許多難關，我的孩子也是。我對此心存感激。只要能撐過一點小障礙或稍微的不幸，消沉幾天之後就能雨過天晴。這時你才會知道健康就是一切。

現在我不會把自己逼得太緊了。我會騎飛輪健身，如果膝蓋痛，就改走踏步機。如果還是痛，我就會做伸展和重訓。一、兩天後，我就可以毫無疼痛地再騎飛輪。現在追著孫子女跑的時候也會特別小心。只要我的膝蓋痛，我就會戴護膝。

還真的有精英運動員的樣子呢！

27 和快樂的人來往

健全的人際關係對你有益

我客戶會說來看我比看心理醫生便宜，因為當他們吃得健康以後，便能更快樂、更強壯、更有自信。情緒對健康有深遠的影響，如果你不快樂，就很難有力量和精力去注重飲食。你一心只想吃安慰食物，而那些多半都是高脂肪食物。

和能讓你快樂的朋友與家人相處對健康有益。身為科學家，這雖然不是我的研究領域，但卻是常識。如果你的人際關係良好，就會感覺身體健康，否則你會覺得受挫傷心。

我很幸運有個快樂的原生家庭和快樂的大家庭。我們喜歡聚在一起，大聲笑鬧到眼淚都流出來為止。把家人照顧好是我母親身體力行灌輸給我的價值觀。她總是照顧我們，確保我們營養充足，並鼓勵我們探索各種興趣。她也確保我們照料好自己的子女。我離婚時，我母親對我說：「家人優先」。她的意思是，我做任何事都必須優先考量三個孩子。我繼續忍受婚姻是為了孩子，離婚也是為了孩子。

「家人優先」是我家的行事準則。定期聚會對我們是很重要的一件事，這對於我們這群共四十個分居不同城市、又非常忙碌的家人來說並不容易，但我們把這件事放在第一順位。

我們整個大家庭每年一次會一起去哥斯大黎加度假。有一年我們改去西班牙的布拉瓦海岸（Costa Brava），找了一間可以容納我們一大家子的小旅館。

我們之所以能夠一起融洽出遊，原因之一是每個人都可以做他自己想要做的事情。有些人想運動、有些人想閱讀，還有人想游泳或去散步。有些人在睡覺、有些人在吃飯。家族旅行時，你知道有那麼多人愛你，但你也可以做自己的事。如果旅程中規畫了活動，你可以共襄盛舉，也可以先不參加。如果你想打電話、滑手機，也沒關係。如果你想使用筆記型電腦，就去用吧！

黃昏時刻，凱伊獨自去游泳。她是個游泳健將，一天能游三個小時。她不在乎是否有人陪她一起。我有時會跟著她游，但她速度快，常常把我拋在後面。我游了三十分鐘就累了，但她會繼續游。她如魚得水，非常輕鬆。

有時我們會去造訪鄰近小鎮，想要去的人就一起去。或者我們會安排到餐廳吃晚餐，想辦法讓四十個人都坐得下。

某天晚上，我們四十人全員到齊，共進晚餐。孫子女全都亂跑、尖叫，非常吵鬧。

我對凱伊說：「我再也受不了這些噪音了。」

她說：「我也是！」

於是我們兩個帶著三明治走到海邊，獨坐看海，一起度過了一個寧靜的夜晚。

有時候只有我和我的孩子與他們的孩子聚餐。托絲卡生雙胞胎後的那個感恩節，我們打算到伊隆家度假。

太空探索技術公司正準備發射火箭，伊隆希望我們都能在場，前一晚我收到他的電子郵件，說：「我幫你們訂了明早的機票飛到奧蘭多（Orlando）。」

我打電話給托絲卡，但她已經睡了。我想辦法找到了她請的保母，告訴她：「你得到托絲卡家裡，早上六點叫她起床，因為她七點必須到機場搭飛機。」

你應該能想像這最後一刻的旅遊計畫讓我們多麼慌亂。我們還帶著兩個不停哭鬧的小嬰兒，幾個小時的飛行，我們一直試著安撫他們，同時也對周遭乘客投以抱歉的眼神。

抵達奧蘭多以後，我們搭公車前往位於卡納維拉角（Cape Canaveral）的發射地點。我們就在太空總署（NASA）裡面和大家一起享用外帶火雞大餐。

我喜歡和家人感情親密，隨時互相信任、互相扶持。我們經歷了許多困難，但一直彼此關愛，這真的很難得。有時會聽到別人描述他們家人間的鬥爭，我原本不相信，後來見到他們、親眼看到他們是如何持續辱罵對方，真是大開眼界。我想到我前夫的家人，每次吃飯儼然就是叫囂比賽。面對這樣的家人，我不知道除了保持距離，還能怎麼辦。如果你的家人讓你不開心，就去找能讓你快樂開懷的朋友。如果你的家人不支持你，朋友絕對能與你憂歡與共。

當我們互相照顧，每個人都受益匪淺。

28 七十一歲太棒了 長保微笑

我的朋友當中，有些和我年紀相仿、有些比我年輕。他們對人生都充滿熱情。我在社群媒體的主題標籤是#ItsGreatToBe71（七十一歲太棒了），因為我非常享受這樣的年紀。

根據我在社群媒體上看到的評論，人們似乎害怕年華老去。當他們看到我的貼文，對於自己的未來和皺紋比較能釋懷。我也多次受訪談到我為什麼喜歡我現在的年紀，以及老年人為什麼應該被尊崇、被感激、被重視，以及保持優雅時尚。

我不怕變老的原因之一，是我的人生一直比前一個年代還要美好。我二十幾歲的時候，除了生下三個很棒的孩子以外，根本不堪回首；我三十幾歲也很悲慘；我四十幾歲為了生存努力打拚；我五十幾歲剛搬到紐約，正要想辦法創業和交朋友；我六十幾歲和孩子與孫子女有了安定的生活，並繼續工作。現在的我比以前更忙碌，我想都沒想過，但我樂在其中。

我不怕變老的另一個原因，是我的母親樹立了典範。我父親去世時，我母親六十一歲。他七十三歲時死於墜機，同機的我的妹夫也喪生。那是個可怕的悲劇——根本意想不到。在我們心中，他是個超人。

他們一輩子幸福美滿，我們以為她的傷痛永遠不會平復。我們不知道她未來要如何走下去；她一生和我父親相知相守，幫助他、支持他。結果我們都錯了。她如花綻放，活出更精彩的人生。她六十五歲左右開始上藝術課程，學木雕、陶藝和繪畫。她周遊全國，用油彩和水彩畫風景和房子。她還會定期在普利托利亞辦個人畫展。

她也是個攝影家，並開始辦攝影展，還贏得獎項。你會發現她拍我們在沙漠的照片有許多美麗佳作。我們一直沒注意到她那麼有才華。我遺傳到她的銀髮，卻沒遺傳到她的藝術天分。她七十幾歲的時候開始嘗試蝕刻畫，用針在金屬板雕刻，然後使用許多化學藥品和機器把它拓印在紙張上，這是非常困難的技術。她自己買了所有設備，並學會如何使用。她還登上了南非的《藝術家名人錄》（*Who's Who Book of Artists*）。她夜以繼日地創作藝術，在南非成功經營了二十二年的藝術家事業。

她八十六歲的時候搬回加拿大從頭開始。當時剛好兩兄弟賣掉Zip2公司，我們有資源把我母親和姊姊送到加拿大定居，讓他們住得離家人更近。其他人很擔心我母親會想念她在南非的朋友，我打電話跟她提到這件事，她說她一點都不擔心，因為她的朋友都死了。她忙著作畫、繼續蝕刻（她把設備全都帶過來），並定期開作品展。當時我五十九歲的姊姊琳恩跟她一起住，一面教跳舞，還上數位藝術課程。但我母親的數位之路才正要開始。

她九十四歲的時候手抖得太厲害，無法再執畫筆，但這並沒有阻礙她創作的熱情，她搭上新興科技的順風車，開始學習如何創作數位藝術。到了九十六歲，她的手已經抖到連滑鼠都握不住，於是從藝壇退休，開始如飢似渴地廣泛閱讀，並在地圖上追隨我們的旅遊足跡。她說九十幾歲是她一生中最快樂的時候。我想我們都有值得殷切期盼的未來。

我記得曾陪她去一個叫做艾伯塔的小鎮參加「懷舊」下午茶，是為老人家辦的社交活動。那是一次很痛苦的經驗，因為每個人都在抱怨。

我們離開時，我問：「他們是因為老了才脾氣壞嗎？」

她說：「不，他們年輕的時候脾氣就不好。」

所以，如果你是個壞脾氣的人，可以現在就練習改變；否則你老了以後脾氣也會很壞。

我母親的活力能感染周遭的人。她九十八歲臨終之前頭腦都還非常清楚，凱伊陪在她身邊，說她那天早上還在笑。我母親從不害怕變老，她甚至從未談起這件事。她總是打扮得光鮮亮麗——她到哪裡都搽上鮮紅色的口紅，出去都喜歡戴耳環。她晚年留著一頭美麗的白色長髮，隨時都把自己打扮得很漂亮。

她一向保持樂觀，我的父親也是。我記憶中的他是個不斷尋找快樂的人。就連他的名片背面都印著「保持微笑」。他把這種感覺落實在他所做的每件事情。他從不提高嗓門，我也從未聽過我父母吵架。

如果你活得夠久，就會看到問題一再重演。當你聽到可怕的事情或遇到可怕的人，你大可說，你省省吧！你以前遇過這種事，第一次你非常懊惱，後來再發生時，你已經沒那麼懊惱，而現在你大可置之不理。

我們曾遭遇親人離世，我們的家庭成員很多，這種事一定會再發生。第一次發生的時候，令人徹底心碎。你不認為你會走出悲傷，但後來你還是走出來了。你甚至能在家裡談起去世的親人而不會崩潰。這就是變老的好處之一。

我姊姊得大腸癌的時候，我每次去看她都會帶著我的狗。然後，我的狗也老了、病了，我非常難過。我姊姊說：「你本來就會比你的狗活得久」，所以我應該認清這一點。如今我姊姊已經不在了，我還是常常想起她的提醒。她直到最後都保有她的幽默感。有一次我帶著生病的她到超市，她必須緊緊抓住推車，因為她實在太虛弱了。我們遇到她認識的人，對方說她看起來氣色很好、變瘦了，還問她採用哪一種飲食減肥法。她說：「癌症！」然後笑出聲來。

我七十大壽時有兩場慶生派對。一場是封面女郎和《哈潑時尚》（*Harper's Bazaar*）雜誌幫我在紐約規畫的，現場全是時尚界人士，都是我搬到紐約以後認識的模特兒和朋友。另一場在洛杉磯，伊隆、金巴爾和托絲卡辦了一場大型派對，那真是美好的一天，幻燈片放映著我歷年來的照片，屋外裝飾著美麗的氣球，還有特製雞尾酒和冰淇淋吧、專業舞者、DJ，和現場薩克斯風演奏。我被眾多朋友和家人包圍，有個我十一歲在家鄉學校就認識的同學也來了。伊隆穿著T恤，直接從特斯拉超級工廠趕過來。我最好的朋友茱莉亞偕同先生一塊出席。多年來與我共事的營養師精心製作了一本故事集，集結了他們對我的欣賞與謝意，讓我感動流淚。

如果你從我身上學到任何東西，我希望是這件事：無懼變老，並和其他不怕變老的朋友來往。和各年齡層的朋友盡情玩樂，他們喜歡你，是因為你很迷人、有趣、聰明、自信，也許還很時尚（是指心態上而言）。聆聽他人、善待他人，不拘年齡。如果有人說你太老，特別是你的約會對象，就跟他說掰掰。

變老是一件很棒的事情，越老越聰明，也越有自信——那是我親身經歷的美好驚喜。而且，我們也知道我們得快點踢開周遭的渾蛋。我想你可以這麼說：我熱切期待未來。

在我人生的這個階段，我享受到最美好的時光。因此我趕緊寫下這本書，讓所有女性也能過得更好。我很開心，希望你也是。

我的七十才正要開始，我已等不及迎接下一階段。

結論 訂定計畫 就從現在開始

我動筆寫這本書時，去了紐約一趟，和編輯吃午餐，參加封面女郎的新品發表會，還和《誘惑》（*Allure*）雜誌總編輯一起錄製了一段podcast節目。茱莉亞也陪著我，幫我選衣服。

我住進一間非常漂亮的飯店，剛和正在電影片場的托絲卡通了電話。我坐在飯店大廳，驕傲地從我的iPad上看著伊隆的太空探索技術公司火箭發射影片，一面傳簡訊給餐廳即將開幕的金巴爾——我還清楚記得上次來到這家飯店的時候，只有五十歲出頭，我的營養諮詢事業才剛起步。

我記得我到紐約進行時裝拍攝，地點就在這家飯店。如今飯店外觀如昔，但我卻變了樣子，處境也大不相同。

當時拍攝完畢，每個人都要去餐廳喝一杯，我想加入他們，但最後卻沒有留下，因為我付不起自己的酒錢。也許有人會請我喝，但如果沒人幫我付呢？所以我離開了。如果你支付不起某件事物，就不要去做。我並不覺得被剝奪，或為自己難過。我從來不會說：「有一天我一定會回來！」我當然也想不到，如果有一天我再回到這裡會是現在這樣的情況。

我只會埋頭努力，訂定新計畫，然後繼續向前。也許這就是我每天起床都充滿希望的原因。我曾生活富足，也曾一無所有，我明白永遠不可能知道接下來會怎樣。我很健康，喜歡我的工作，熱愛我的家人，還有許多很棒的朋友。

◆ ◆ ◆

無論是健康、事業或人生都沒有速成法，你只能憑藉努力、樂觀和誠實，還有常識與計畫。

你可以訂定計畫，但計畫不見得一定奏效。所以屆時你得再訂定新的計畫。人生有起有落，就像坐雲霄飛車一樣，爬升的時候好似飛上雲霄，俯衝的時候又似落入地獄。陷入低潮時，你需要規畫如何爬出困境。隨著年紀增長，人生的跌跤會變得較不悲慘、較不痛苦、較不傷心，因為你已經見過大風大浪了。

你必須自己決定要不要追求快樂。什麼時候才要開始呢？為什麼要一直延後轉換跑道、改善健康、擁抱快樂的家庭和朋友、熱愛你的生活？我也數度覺得我永遠都不會快樂，永遠都不會！但後來我還是訂定計畫脫離困境，因為生活不可能一直陷在無止盡的不快樂當中。現在就動手計畫吧！

致謝

謝謝您，我已故的母親，您聰明、認真、有智慧又自信，是女性的最佳典範。她二十四年前曾大聲地一字一句念出我的第一本書，我相信如果她在世，看到這本書一定會更開心。

我要感謝煩了我兩年要我寫書的卡妮莎・提克絲（Kanessa Tixe）。本來我不覺得我要傳達的訊息有那麼重要，但在我倆開始跑遍世界，與媒體、業界人士和聽講觀眾分享我的故事後，我徹底改觀。

我要感謝我的出版經紀人佩吉・希絲莉（Paige Sisley）和莎莉・哈丁（Sally Harding），他們對於能和我合作倍感興奮。兩人都很喜歡我的上一本書，也認為書中的建言非常受用，因而覺得我有更多故事可以分享。

我要感謝我的造型師兼最好的朋友，茱莉亞・佩芮，她總是為我著想，並讓我呈現最光鮮亮麗的一面。謝謝阿莉・瑪爾卡特（Ali Grace Marquart）幫我詳讀合約，包括這次的出版合約在內，給我最完整的法律保障。

我要感謝珊卓・巴克（Sandra Bark）整理我的故事，並把它們妥為分章別類。

我要感謝我的編輯艾蜜莉・溫德里屈（Emily Wunderlich）辛苦了好幾個禮拜，讓這些故事更有可讀性，並隨時提醒我不偏離主題。

我要感謝維京企鵝藍燈書屋（Viking Penguin Random House）跟我一樣對這本書充滿興奮之情。

國家圖書館出版品預行編目資料

女人的計畫 / 梅伊・馬斯克（Maye Musk）著；劉復苓譯.
-- 初版. -- 臺北市：大塊文化, 2020.06
232面；14.8×20公分. --（mark ; 159）
譯自：A woman makes a plan : advice for a lifetime of
adventure, beauty, and success
ISBN 978-986-5406-81-3（平裝）

1. 馬斯克(Musk, Maye, 1948-)　2.傳記　3.自我實現

785.38　109006370

LOCUS

LOCUS